Coscienza Autentica

Esplorando le Profondità dell'Essere

GERARDO D'ORRICO

A mia cara mamma,

Che la luce della tua saggezza
illumini ogni pagina di questo viaggio verso la
coscienza autentica. Il tuo amore è la bussola che
guida ogni parola, rendendo questo libro un omaggio
al tuo spirito eterno.

Con gratitudine e amore infinito,

Gerardo D'Orrico

Indice dei Contenuti

B.   Breve biografia   8

P.   Prefazione   12

1.   Codici Enigmatici, Equilibri Oscillanti   15

2.   Osserva il Danzar dei Sogni Eclissati   21

3.   Dipingerei la Tua Vita con Colori Unici   26

4.   Rami Intrecciati nell'Anonimato   31

5.   L'Epopea Cinematografica Che Ti Dipingerò   34

6.   Attività, Connessione Italiana   38

7.   L'Intrinseco Ponderare delle Realità   44

8.   Mutamenti Eccessivi e Veloci   52

9.   Individuo Senza Tempistiche   56

10.   Giove, L'Astro Radiante Sovrastante   60

11.   Motivazioni Autentiche   64

12.   L'Altezza a cui Si Eleva Misteriosamente   70

13.   Figure Distanti   75

14.   Eterne Ripetizioni   80

15.   L'Aura e l'Imminente Stagione si Confondono   86

16.   La Presa di Lumière   90

17.   L'Intricato Mistero di Permea   96

18.   Pronuncia la Tua Voce Interiore   104

19.   L'Impeto degli Esseri   108

20.   L'Ingegnoso Intrigo tra Scacchi e Dama   111

21. La Sinfonia dell'Esistenza 120

22. L'Intreccio Cosmico delle Vite 123

23. Il Mistero del Futuro 128

E. Epilogo 132

Breve biografia

Salve, sono Gerardo D'Orrico, nato il 6 marzo 1976 a Cosenza, una meravigliosa città nel cuore della regione Calabria, Italia. Fin da giovane, ho nutrito una profonda passione per l'arte, la scrittura e la tecnologia.

Dopo aver completato gli studi di maturità, ho intrapreso un percorso accademico presso le università di Arcavacata e Bologna, dove ho avuto l'opportunità di approfondire le mie conoscenze in diversi ambiti. Sebbene non abbia conseguito una laurea, ho sviluppato una solida competenza nell'informatica e mi sono appassionato all'utilizzo di strumenti musicali.

La mia giovinezza è stata divisa tra la residenza a Luzzi, un affascinante comune vicino a Cosenza, dove ho vissuto durante gli anni di studio, e la città natale di mia madre, Villapiana sul mare, che ha arricchito la mia esperienza di vita con il suo fascino marittimo e la sua cultura.

Fin da giovane, ho avuto l'opportunità di viaggiare in diverse parti d'Italia e, in alcune occasioni, all'estero. Queste esperienze hanno ampliato i miei orizzonti culturali, consentendomi di scoprire nuovi luoghi e di incontrare persone interessanti lungo il mio percorso.

Dopo aver completato il servizio militare, ho deciso di affiancare mio padre nel suo lavoro e, contemporaneamente, ho coltivato la mia passione per la scrittura in prosa. La mia dedizione all'informatica e alla programmazione software mi ha permesso di sviluppare solide competenze tecniche e di esplorare nuovi orizzonti creativi.

La mia ricerca personale mi ha spinto a creare e gestire il sito web Beneinst.it, un luogo virtuale in cui chiunque può condividere liberamente le proprie pagine di diario, lettere, poesie, disegni, quadri o foto. Questa piattaforma si è trasformata in un punto di incontro per artisti e appassionati di diverse discipline, offrendo loro la possibilità di esprimersi liberamente e condividere le proprie creazioni con il mondo.

Attualmente risiedo a Luzzi, dove mi dedico anche alla ricerca nel campo dell'arte tecnologica. Continuo a scrivere, rivedere e pubblicare i miei testi, esplorando le profondità dell'immaginazione e cercando di dare voce ai miei pensieri e alle mie esperienze attraverso la scrittura.

Finora, ho pubblicato quattro libri sotto forma di diari, ciascuno con una narrazione unica e una prospettiva personale. Queste opere includono "Il bene e il male, memorie", "Un soffitto di cenere", "Siamo già noi tra dieci minuti" e "Dillo tu te stesso". Ogni libro rappresenta una tappa del mio viaggio di scoperta e di esplorazione del mondo che mi circonda.

Sono grato per le opportunità che ho avuto e per le persone che hanno attraversato il mio cammino. Continuo a coltivare la mia passione per la scrittura e a esplorare nuove sfide creative. Spero che le mie opere possano ispirare e coinvolgere i lettori, aprendo nuove porte alla riflessione e alla comprensione dell'essere contemporaneo.

Album Foto su Pinterest
https://www.pinterest.it/beneinst/

Prefazione

Benvenuti a "Coscienza Autentica," un libro che nasce come una revisione e un'espansione dei contenuti presenti nel diario "Dillo tu te stesso" dello stesso autore. Questa opera rappresenta un approccio ulteriormente amplificato e approfondito alle riflessioni personali, ai concetti e alle domande esistenziali che permeano il nostro percorso di vita.

Il processo creativo di "Coscienza Autentica" è stato guidato dalla mia determinazione di intensificare il dialogo sulla coscienza, sull'identità e sulla riflessione personale in un mondo in costante mutamento. Ho riconosciuto l'importanza di ampliare il territorio dei contenuti del diario originale, il risultato è questa nuova opera, che rende in modo più esplicito i concetti presenti nel testo originale.

Ogni capitolo di "Coscienza Autentica" è una tappa in un viaggio di auto-esplorazione e comprensione del mondo circostante. Questi due libri, "Dillo tu te stesso" e "Coscienza Autentica," si intrecciano e si arricchiscono reciprocamente. L'uno non esclude l'altro; piuttosto, si completano e si alimentano a vicenda. "Coscienza Autentica" non sostituisce il suo predecessore, ma ne rappresenta una versione aggiornata, ampliata e più dettagliata, in grado di arricchire il dialogo sulla natura della coscienza umana.

Questi due libri, "Dillo tu te stesso" e "Coscienza Autentica," si intersecano e si arricchiscono reciprocamente. L'uno non esclude l'altro; piuttosto, si completano e si alimentano a vicenda. "Coscienza Autentica" non sostituisce il suo predecessore, ma ne rappresenta una versione aggiornata, ampliata e più dettagliata, in grado di arricchire il dialogo sulla natura della coscienza umana.

Vi invito a immergervi in queste pagine e a riflettere

su ciò che emerge. Che siate lettori del libro originale o nuovi arrivati, spero che "Coscienza Autentica" vi offra spunti per una più profonda comprensione di voi stessi, dei vostri pensieri e delle vostre emozioni.

Buona lettura,

Gerardo D'Orrico

1. Codici Enigmatici, Equilibri Oscillanti

Nel culto della sapienza, troviamo il rifugio della mente. Ma è l'estate implacabile, con il suo corso inarrestabile, a gettarci nell'angoscia. In ogni situazione, ci sentiamo disorientati, assetati di saggezza. È come se l'anima soffrisse una fame insaziabile, una sorta di digiuno interiore. Mentre il cammino ci porta verso un settembre ristoratore, le nostre riflessioni si moltiplicano. Non fui io a rivolgere accusa alcuna, ma piuttosto fu la stessa Calabria a farlo. Furono pronunciate parole cariche di significato, anche se celavano un significato oscuro.

Ma indubbiamente, si stavano dirigendo verso un qualche scopo.

Chi detiene il potere in queste terre? Dimmelo, ripetilo, vedrai che funzionerà. Mentre un'astronave spaziale solca i cieli portandoci via o il tuo compagno dimentica ciò che desiderava, sembra che tutto si sia immerso in uno stato di torpore. La buona notte ci avvolge con i suoi profumi tipici dell'estate. Scegli un argomento che giustifichi la tua selezione di prodotti estetici per la serata. La tua comprensione contribuisce alla mia serenità. Ma cosa prediligi, il mare o la montagna?

La confusione dei pensieri affolla la mente. Questa giornata sarà sempre la chiave di volta di tutto, un ponte tra il passato e le epoche che verranno. Oggi conosciamo il dolore e altre verità. Guarda l'orologio, quei globi o chiunque altro potrebbe pensare che il bene abbia affari altrove. Quanto è stato incoerente il nostro governo? Non muoverti, non inchinarti, ma procedi, procedi. L'anno scorso sembrava consolidato, ma ora ci troviamo qui, in questo istante, mentre qualcosa di diverso avviene, come nell'ora di pranzo, quando tutto sembra essersi fermato. Rimani fermo, contempla il tenue bagliore del giorno o del pavimento, ma naturalmente evita di commettere crimini.

"Amando te e la vita delle cose mai manifestate, il nostro enigma quotidiano, le parole inadeguate per il tempo perduto, occupando quel luogo in cui nessun altro arriva, chi dice che non ti appartiene o che cercano di rubartelo."

Finalmente il giorno è giunto, il Sole scotta le nostre vite. Ma cosa amplificherà il tuo vicino? Perché sembra ancora che tu non possa esprimere te stesso? La ragione si trasforma in una scienza esatta, delineando una verità incontrovertibile, un discorso privo di dubbi o imperfezioni. Avanziamo verso la prossima tappa, un arco di trionfo che ci conduce alla fine della strada, con il residuo di una menzogna. L'oblio è ormai superato, e ora il piatto principale preferito è il diavolo derubato, la prigione, la donna o il ramo dell'albero.

Dobbiamo superare i nostri totalitarismi interiori. Non sei qui, non mentire, non esistere. Abbandona l'errore personale e cerca il riscatto. Cosa cercavamo dal diavolo? Questi sono temi che ci appartengono, spade e timori, le restrizioni totalitarie imposte da falsi totalitari. Le restrizioni di un'anomalia, il rifiuto dell'assoggettamento, è il tentativo di sovraffare gli individui, sia qui in Calabria che a Roma. Perché non discutere delle tue ragioni o dell'esistenza stessa del male? Un individuo, un universo, un pianeta che ruota su sé stesso. Oggi ripetiamo gli stessi pensieri di ieri, come in una costante memoria.

La noia si ripresenta, come una macchia nera sul petto. La pace è il luogo di coloro che non vedono la verità nelle persone e nelle cose. La guerra è un territorio dove la pace non può trovare rifugio. Siamo qui, esistiamo, non siamo meri agenti di autodistruzione. Gli altri sono esseri umani, non armi da fuoco. Le armi non sono mai state la via più facile. Chi vive nella prigione è una presenza costante, con esigenze peculiari. A volte sembra che non ci sia comunicazione nemmeno tra le persone più vicine.

Credi davvero che un trauma cranico possa cambiare in modo permanente una persona? Le persone si allontanano, e ciò non è positivo. Ancora cinque minuti di esistenza marginale, non siamo ancora in movimento. Il vento soffia tra i fili del futuro. Vogliono ridefinire il concetto di lavoro, mentre noi, benché tu possa pensarla diversamente, continuiamo a far avanzare il bene che governa la vita, immutato. Non possiamo sfuggire alla realtà, per ora almeno. Hai dubbi sulla tua produzione? La verità non nuoce, essa libera da tutti i mali, come una maestosa e vasta strada che permette al nostro veicolo di avanzare.

Da qui in poi, tutto sembra tornare alla normalità, come è sempre stato. Ecco, era difficile, ma il Bene è stato il nostro obiettivo, e alcuni non l'hanno ancora raggiunto. 7:16, 12.08.2010. Un'altra città, un altro luogo, un edificio trionfale. Ma forse la cornetta del telefono si è staccata, spiegando l'assenza delle feste e dei festeggiamenti, oppure forse la colpa è dei tedeschi, ancora vivi oggi. La musica americana, i film americani, le persone americane, le relazioni umane, la possibilità di correggere gli errori, le copie della nostra vita.

La realtà assume la forma di un labirinto, e noi siamo risultato di tutte le generazioni che hanno popolato la Terra. Il mondo si riempie, e con ciò crescono le responsabilità che tutti dobbiamo condividere. Non credere che qualcuno scomparirà o si trasferirà, o che dovrà morire. Al contrario, gli altri costruiranno il riflesso della nostra libertà. Siamo soltanto ombre, o ci uniamo alle ombre.

Hai compreso chi detterà oggi il corso della società, da un punto di vista concreto, storico ed epico. Molti reclamano uno stipendio con un veleno in circolazione, mentre noi costruiamo gambe da aggiungere alle nostre spalle, mentre altri creano il giorno e il lavoro o la successiva fattura. Dobbiamo guardare la realtà in faccia, almeno per ora, e cercare la verità. Hai dubbi sulla tua produzione? La verità non arreca danno, essa libera da ogni male, come una maestosa e ampia strada lungo cui il nostro veicolo può procedere.

2. Osserva il Danzar dei Sogni Eclissati

È settembre dieci, solo il suono del telefono rotto, solo questioni dell'inconcepibile... Non credere che il male sia uniforme ovunque, è inutile aprire una parentesi che può portare all'incertezza, chi dice in questa dimora del bene, perché parlavi del male? Tu non lo volevi fare, e tutto diventa una costante imbarazzante, sono sempre le stesse persone. Io da un lato, tu dall'altro, non si sapeva che fosse solo un'appartenenza nella vita, non si era imparato che la parola "vita" si riferisce alla questione primaria dell'aria intrappolata nel corpo.

Cos'è censurato oggi? Ad esempio, puoi dirmi cosa aspettarmi? Mentre le stesse posizioni sul terreno del male continuano a emergere, sembra che io sia tu e viceversa, quante cose non vengono dette oggi o cose simili. Ora o in seguito percepirai il futuro che è ora, in altre parole, cosa sarà contiguo a un discorso reale, moderno, elettronico, informatico, software... guarda un orologio e comprenderai, la famosa tua interruzione sociale si fa facile qui, è dove ti trovi, ok, non interromperti... in effetti, i dubbi sui soldi, l'auto, l'esistenza del male saranno reali, il mare di domani e chi siamo, ma davvero.

Ti ricordi cosa volevi dire... sembra che tutto sia già risolto, a volte non c'è bisogno di fare o dire nulla, esistere, esisti! E quante innumerevoli cose non sono state fatte, vuoi vivere in America, torna a casa per favore. Temi quotidiani, persone ancora molto turbate, "molto" è un aggettivo, quei virus umani saranno affari tuoi. Sarà o non sarà, cari... le disfunzioni o le corna, in siciliano, non sono riconosciute tra i viventi, certo, è meglio attaccare i superstiti del pianeta.

Hai visto lo Stato oggi, divoratore di energia, chi sembra un folle. La forza bruta di chi non sapeva è diventata un omicidio reale, perfino di un avvocato, anche se un po' distratto e freddo. Il quotidiano chi o cosa continua, continua. Era la fine, ma sarà diventata passato, ora ricomincia, ma sembra che niente sia stato risolto. Si crede fortemente che cosa sia il potere o cosa sia il dolore, ma era il futuro invece del passato. Uno Stato presente spento rimane una tragedia, un dramma, un istituto in cui il giorno non dovrebbe essere.

I nostri silenzi o i mali di oggi, scoprivamo i nostri peccati un giorno. Ora cosa è diventato il cielo. I fiori si appassiranno anche quest'anno, perché non ero io, non eri tu, ma la nostra epoca che traccia una freccia. Continua, vedrai un grande muro davanti, ora ritorna dove eri prima, dove scapperanno i sovrani di oggi, se non in una piccola tasca... quel muro non era immaginario per tutti, ma leggendo i giornali e sfogliando il nulla organizzato, sembrerà necessario somigliare al vuoto o imparare a digerire il fascismo.

Riposati dove la neve non esiste, che dolce domenica. Vado a capo per trasmettere il significato del momento, tra i tanti che quest'anno o questo fine settimana rappresenta, in questa bella e graziosa domenica, contro il falso fascista, annientando il dire chi non osiamo nominare, inizia come una benedizione anche contro chi potrebbe essere un po' assassino. Cari, una volta vivevamo... per affrontare il futuro o per precedere chissà cosa volevamo.

La nebbia non veniva nemmeno considerata, ma tutte le persone erano e sono qui, o non ci sono altrove a casa loro, presenti in economia, in un'interiorità esistenziale. Tu ti senti parte di una classe gentile o una pianta verde... sembra essere un processo di auto-eliminazione anche dei giorni, o una delle più grandi rivoluzioni sociali nascoste, sembra che l'aria, dopo un'interruzione, diventi come un bug, ma la poesia ingannevole è solo silenzio.

Il denaro come il sangue deve raggiungerci, ed è terribile vedere come le persone scivolino lentamente verso il basso, altre espressioni ci sorridono, e poi vanno giù, nel profondo di ognuno di noi, o nei loro silenzi, guarda come muoiono i mali di chi non voleva parlare, il vuoto o il nulla nei loro occhi, dove sono gli altri, la civiltà, le loro occupazioni parsimoniose, ora sono soli e piangono, mah, dico che la verità brilla intensamente di giorno, la scorsa settimana al lavoro, il sangue insieme ai soldi, la benzina.

Qual è il vero tema di oggi? Il vuoto! Il semaforo è rosso... ah, il mio semaforo ma guarda, forse indicava il tuo rosso o il telefono ancora guasto l'anno scorso... hai fame, il capo non parla degli stati d'animo, vedo molti dubbi già risolti davanti a me, ma la tua anima bionica nessuno ne parla.

3. Dipingerei la Tua Vita con Colori Unici

Caro diario della vita, amico incompreso Giacomo Leopardi, all'orizzonte si estende l'ottavo vago, mentre quelli mormorano senza senso, oltrepassali, saranno i vermi sociali delle loro parole, delle loro consuetudini, e, come al solito, quel problema che ancora oggi non è stato risolto. Sai già che non dovresti toccare con le mani... il falso del nostro secolo, la mostruosità o la indecenza nascosta in casa. Non lo sapevi, sarebbe stato meglio se non avessi accennato ai disturbi, ai problemi d'identità... la scuola si trasforma in tutto, e le ossessioni diventano i nostri amici indigesti. A volte è difficile capire dove indirizzare il pensiero.

Chi sono i nostri demoni, e qual è la differenza tra male e diavolo? Chi era quell'essere che ti si è parato davanti alla sinistra della tua mente? Sembrava proprio un diavoletto come quelli che si vedono nei disegni. Siamo immersi in un passato in cui la legge prevale su tutto, dissipando dubbi costruttivi o creazioni. In seguito, questo software o la musica... torniamo indietro, sono affari tuoi, in questa società congelata. Mi sembra un replay: tu non avresti dovuto parlare, non ci troveranno mai. Saranno solo miserie moderne, fantasie e allucinazioni, il ghetto o il governo, essere male o essere diavolo. Ecco il dilemma che chiede pietà: chi pensa di non aver già risolto? Quanti conflitti bisogna affrontare? La morte, come si dice in gergo... vedrai ragazzi che non parlano e si scontrano sul bene.

A casa, ci sono più loro di noi, più di quanto pensassi... ma tu conosci il potere delle parole o cosa intendevano dire le parole di prima.

Erano dietro la porta i diavoli e i mali. Dovremmo

lasciarli lì, affinché appaiano come bagattelle agli occhi di tutti. In seguito, dalle lamentele alle indagini incoerenti non fatte, invertono il bello col buono e il cattivo. Cos'altro puoi fare oggi, o anche tra due anni, mentre non completi un programma, rimane uguale. Tuttavia, è fondamentale osservare cosa si sussurra alle spalle o come si fa una distinzione tra i sensi. Senza soluzioni, ci si trova nei guai.

Tutti i malintesi saranno errori, ancora falsità e società dell'inganno. Se il male è lo Stato, è un grave errore. Inoltre, perché ti alzi? Prendi un caffè, sei tu il passato... L'unico trucco qui è che l'altro ha ragione, proprio come il tuo o il mio genitore ancora ci vietano. Forse i globi offuscano la visione. Quanta libertà, deturpata, si cela nelle profondità. Siamo intrappolati in uno Stato illegale, io mi sento sempre "verde", e la persona più perspicace ha già compreso il funzionamento.

Dato che qui non esisteva affatto la libertà, e senza un'abitudine radicata, rispondiamo alle nostre scorse settimane senza presentazioni.

Mi sorge un dubbio che una volta sembrava insignificante, ma era l'oscurità del nostro ingegno come un ordine o qualcosa di pubblico. Forse più tardi, nell'ora di pranzo, tutto ciò che appariva sembrerà già essere passato. Ma mentre un prodotto resta o no tuo, ti muovi, datti una scossa. Speriamo che il protestantesimo si trasformi in un movimento.

Che confusione, dove la denuncia finisce e inizia l'abitudine. Sembra solo un elenco di particolari di una vita destinata ad essere dimenticata. Tuttavia, è piena di cose buone nelle case, e nessuno lo sa. Nessuno siamo noi stessi. Dormi, o forse non riesci a prendere sonno. Non puoi immaginare quante sfide chi affronta.

Siamo spinti verso il basso, la perdita ci libera mentre ci soffoca. Spenti, coloro che muoiono diventano una disgrazia per la casa. Credo nel soffocamento del dolore, non nella crescita del male.

Che la quiete sia piena di cose che sembrano veramente importanti, ma nessuno sa quanto lo siano. Sarà una cadenza di armonia sonora che ripeterà la vita per renderla più reale. Il volgare non è un modo educativo di ripetizione. Non dovremmo seguire quella strada indicata se sembra scorretta. Non dovremmo neanche dire, ma già è accaduto, il passato è stato illegale e fascista. La vita ci dona l'oggi, siamo noi quell'astro cadente o chi vedi cadere verso te stesso. Non è vero che è già successo a te. Non è vero che sarai preso. Inoltre, cosa accadrà domani non può essere deciso oggi, e chi può sapere cosa ci riserverà il domani? Sarà nelle nostre mani domani. Prenditi tutto il tempo che desideri, sei vivo, tu e tutte le cose che non sono mai state fatte.

Cosa voleva quel ladro? La nostra bontà, senza un compenso per il suo crimine, sembra troppo. Chi ci ascolterà se continueremo a piangere? Non finirà quel pensiero in tre righe.

Oggi è ancora oggi, guarda il calendario o l'orologio. Le altre persone o qualcos'altro. Avanti Cristo, sono solo tabelle appartenenti alla scuola, quelle che ti mancano. Matematica, geografia, lettere o altro.

4. Rami Intrecciati nell'Anonimato

Era così che gradivamo impiegare il tempo, tra il già conosciuto, l'intimo sentiero del cuore, la realtà stessa, le pupille di porcellana, la nostra incredulità esasperante... Forse ci piaceva sognare o cercare la serenità, desideri una sigaretta tra le innumerevoli attività che attendono il giorno odierno.

Relativo al concetto della retrocessione progressiva, che sia chiara o confusa, non importa menzionarla, vogliamo conoscere di un taglio netto, una cesura dei festeggiamenti o della profondità.

L'arte di lavorare continua per quale ragione pensi che la soluzione sia già alla portata di tutti, quante incertezze - azioni ancora oggi recitava un vicolo, allontanalo, non possiamo preparare la cena per domani, ma agisci in fretta prima che si raffreddi. Tu parla d'amore, è depresso, oppure parla per te, la sera si spegne, cala il sipario di nuovo su questa amata, cupa Italia.

Ricordi ancora quel pensiero insano, quel tormento in questo mese di dicembre, era così ignaro. Alla conclusione di un anno o al termine di un secolo, ci si ritrova immersi in una metamorfosi che dura l'intera giornata, la pace ci è stata sottratta e pare che la storia si ripeta senza sosta. Dicci quante voci si uniscono in coro, perché ci sei, quale fastidio non ti lascia alla fine dell'anno zero dieci, ma ancora non possiamo parlare del male. Cosa saranno state le ultime parole, non lo sappiamo, chi desidera saltare, prego. Dolcetto o scherzetto, sei in un errore innominabile: non hai nemmeno iniziato.

Quindi, un ricco falso costituisce un mondo tradito, ma lo sanno già tutti, in questo silenzio, chi dice altro, il loro è un piacere falso, poi illegale, la piazza è la prigione per quella persona, non si può scherzare con certe questioni che nuocciono alla carne, disperato amico animale. Proseguiamo, da dove? Non lo sai, esiste una sola verità verso cui vuoi andare, verso casa. Forse era ciò che volevano sapere in piazza, ma purtroppo nessuno pronuncia una sola parola. Continua a fare ciò che già fai, le tue espressioni, io farò le mie. Ancora cosa significherà vivere davvero, non sembra tutto sporco? O forse hai una religione precedente a Gesù Cristo... Arrivati a un certo punto, finisce tutto ciò che volevi sapere.

"Guarda l'orologio, osserva il resto della stanza o dell'orizzonte, lo scenario è libero, ovunque tu ti trovi."

Il sapore del piombo e l'anno sembra seguire la stessa strada insieme alle persone, anche più aggiornate di te, hanno già fatto un bene diverso, ma per le persone è una miseria, un tipico eccesso: io per loro non ero un bene, ma lo ero. Non lamentarti quando vedi che siamo tutti qui, oh, oh, va bene, ma alla fine di questa eredità economica, puoi chiamarmi, sarò a casa mia, ma ora devo andare, buon anno e buone feste.

5. L'Epopea Cinematografica Che Ti Dipingerò

Oggi siamo immersi nella contemplazione della realtà, in un dialogo con le profondità filosofiche, un'esperienza che sfuma i confini dell'identità. Caro individuo anonimo, ti smaterializzi in questa prospettiva futuristica, privo di un'etichetta nominale eppure inarrestabile nell'eloquenza. La città emerge già nell'orizzonte digitale di mio cugino, una realtà senza spazio, sottolineata dalla crepa nel tessuto della coscienza. Il tempo scorre implacabile, e il 2021 continua il suo enigmatico discorso. Chi è l'oratore di questo enigma? Il perpetuo enigma delle montagne, conosciuto in tempi passati come "montagne russe", in cui la disarmonia è la norma. La discordia persiste fino all'ottava o la decima ora, per poi disperdersi in un abisso di confusione monetaria.

Buongiorno anche a te, intrappolato nelle ragnatele dei pensieri. È ancora un mistero se aprirai finalmente la mano e condividerai la tua visione. Io lascio la mia dimora e mi vedo come un armadio libero, ma non tradisco lo Stato con parole offensive. I miei occhi sono aperti al movimento in un mondo di oggetti immobili.

La corporeità del possibile è un'ombra sottolineata, le parole che non dici sono un'eco che richiede il tuo movimento. Sei un ladro della modernità, che rende eco per disturbare. L'umanità è intrisa di confusione, mentre un'altra dimensione prende forma. Il carcere si profila inevitabile, e forse dovremmo accettare il nostro destino inesorabile.

Un bene può essere un errore o la quintessenza stessa. Il prezzo di quest'esperienza rimane avvolto nell'oscurità del cortile della vita, nella nostra stanza bruciano i residui di pensieri nocivi. In questo giorno, le persone stanno costruendo un futuro incerto, mentre il passato resta indistinto. La storia rimane un enigma senza risposta, mentre un'etichetta sconosciuta decifra la narrazione. Lasciati alle spalle dai fatti del passato, ora sei parte di un'entità più grande, condividendo il destino dell'umanità.

Nel regno del non-detto, sei intrappolato in uno stato di confusione. In un'epoca in cui il benessere della mente è messo in discussione, esploriamo il mistero che si cela tra le sfumature delle parole. L'eco si diffonde, come un sole radiante, ma nella folla ci saranno coloro che mancheranno. La verità si cela dietro il velo dell'oscurità, come se fosse un segreto celato da tempo.

Nel nostro cammino in costante movimento, scopriamo il potenziale dell'essere, mentre l'ignoranza delle strade ci inganna. Continua a danzare nella tua verità, il lavoro in questa terra si conclude quando il giorno si spegne. La luce del sole illumina il nostro percorso, sembra che tutto sia già accaduto in questo istante, mentre il tempo scorre inarrestabile. Non possiamo mai conoscere appieno il nostro destino, poiché siamo intrappolati in un ciclo senza fine.

Il sapore del mondo si mescola con la mortalità, c'è qualcosa che devi condividere oggi. Il gioco della vita continua, un secondo alla volta, e si dipana come un racconto. L'essenza della realtà sfugge alle nostre percezioni, mentre le cose si muovono e restano immobili.

Un vicino accompagnerà il nostro cammino, aspettando il domani e prendendoci il tempo per la sera. La notte cala, ma la luce non si placa. Abbiamo già acquistato la maggior parte delle cose, ma la fame della verità persiste. Tutto è compiuto, eppure sembriamo oscillare tra il riso e la falsità, qui nella nostra nazione. Le parole scorrono in un flusso inarrestabile, ma nessuna risposta sembra emergere.

Chiudi un capitolo, eri inavvertitamente tu prima di risvegliarti stamattina. La realtà è un insieme di obiettivi irraggiungibili, eppure l'eco della conoscenza rimane un compagno silenzioso. La conversazione tra le persone continua, mentre i confini dell'identità si sfumano. La tua esperienza è un labirinto di filosofia e riflessione, un mistero da risolvere. La notte si addensa, ma la luce persiste. La strada è lunga, ma la verità è in costante evoluzione.

6. Attività, Connessione Italiana

Caro compagno di riflessioni, sembra si sia aperto un nuovo ciclo temporale. Desideri qualcosa da sorseggiare, o forse avverti un disagio intestinale? Comprendimi, l'inesorabile influenza dell'atmosfera aleggia costantemente. Il freddo caratteristico di questi giorni ci riporta alle nostre giovanili avventure, quando esploravamo il paesaggio innevato e fantasticavamo sul prolungarsi del giorno in estate.

Oggi ho osservato i concittadini scambiarsi sorrisi discreti per commentare le condizioni meteo, l'aria che respiriamo, l'umore generale. Da quanto ne so, non esistono esseri più prossimi all'estinzione di noi. Forse desideravi una prospettiva più vivace, ma un altro lo farà per tuo conto. Il tempo è un bene prezioso e, senza addentrarci troppo nella questione del nostro compagno criminale esausto, ciò che affermo è che in questo grande schema apparentemente non personale, non si può parlare di colpe. È un esempio, altrimenti la nostra città italiana sarebbe stata considerata. Ti auguro un inizio d'anno sereno, senza l'utilizzo di imprecazioni. Una realtà che un tempo era semplice lo sarà nuovamente oggi, malgrado sembriamo aver dimenticato, siamo stati influenzati in modo negativo.

Ogni interesse personale sembra a portata di mano. Vuoi sapere cosa è facile? La legge è applicata alle vite di oggi, e in ogni caso, il possedere riserve è vantaggioso. In questo contesto siamo circondati da superstizioni e vicini infettati, e noi abbiamo già compiuto tutto prima che il sole nascesse stamattina. La nostra unicità risiede nella totalità dell'umanità.

Nel nostro prosieguo, diventa evidente che le sfumature delle parole perdono rilevanza. Non io, non tu, ma tutti coloro che condividono lo spazio, e poi non dire ad un amico, perché potrebbe rivelarsi un'incomprensione. Non fuggire, non commettere errori parlando del male. L'importante è vivere oggi, non credere mai di non aver conosciuto la Fai, l'Associazione Italiana del Mezzogiorno, per non parlare dello Zenit. A volte si celebra la notte più buia, trascurando ciò da cui deriva l'oscurità. Rimane fondamentale comprendere quanto veleno e inganno siano presenti in questo momento.

Nel mondo attuale, è un'ossessione essere vicini di casa, eppure nulla sembra avere senso. Questa è la realtà, non io, non tu, ma tutti quanti. Non temere il giudizio di un amico; sarà forse un tormento, ma esprimiti, senza paura, se trovi motivo. La rivalsa appartiene a chi proclama la proprietà, non scappare, non stai sbagliando parlando del male. Non sbagliamo nell'essere oggetto di attacchi, e lo stesso vale per noi. L'importante è vivere oggi, non avere alcun dubbio.

Nessuno resta immobile, ogni parola sembra inutile. Non oscura la realtà, come si può immaginare, il passato non verrà cancellato in queste due ore, eppure sembra che le persone comuni si astengano dal dichiarare la verità. Un esame esaustivo potrebbe dissipare i dubbi annebbiati dal tempo. La vita si trasforma in arte, poesia, o forse solo una ribellione contro le eccezioni dell'atmosfera. Non è uno scivolare nel fango, bensì un continuo progredire. È l'arte che subisce l'oppressione, manca uno Stato, ma uno studio dovrebbe brillare lo stesso. Vado a fumare una sigaretta.

Siamo vivi finché restiamo su questo pianeta, ma durante la settimana l'atmosfera appare più cupa della notte. Oggi è domenica, mentre riflettevo su come sia possibile fare del bene senza parlarne, senza pagarne il prezzo. Sembra che sia naturale soffrire, come il peccato originale. Tutto è falso, un'altra storia di parenti e amici che ci hanno lasciato in un altro capitolo della loro esistenza. Peccato non conoscersi meglio; speriamo che il futuro non sia un conflitto tra piatti.

Allo stesso tempo, sembra che ciò che è falso venga attribuito a noi. Reati, diffamazioni, calunnie, fango, tutto sembra addebitato a noi o forse aspiravamo a esserlo. Non sembrano idee, ma realtà soggettive che, se così posso definirle, si appropriano di lussi e abbondanze, di bene in decadenza, e portano le ossa dei loro viventi verso il cimitero. Nel frattempo, il bene appartiene a noi, e dobbiamo solo osservare il sole della miseria nella memoria logorata dalle azioni. Dobbiamo smetterla di trattare la realtà pubblica come se fosse privata. Inizia col comprendere cos'è un'eco, quale bene ha generato finora, insieme al niente.

Non si sa chi abbia parlato, dove sono scomparsi tutti per lasciare spazio alla morte. Forse dovremmo smettere di trattare la realtà pubblica come se fosse privata, iniziando dal comprendere cos'è un'eco, quale bene ha generato finora, insieme al niente. La realtà, sia tu che un altro.

Non ti resta che attendere la prossima ondata, la confusione della gente. Il cielo è più sereno dell'anima. Aratura della terra è una chiara indicazione del nostro sogno, la strada che percorreremo da adulti nel nostro viaggio cinematografico. Ecco, ti sembrerà strano, ma anche oggi ci sono cose da fare nel pomeriggio. Pensavamo che fosse solo un incubo o il pane quotidiano, ma eri tu che avevi perso o che dovevi ancora cominciare a vivere il tuo te. Sembrerà strano, ma anche oggi ci sono cose da fare nel pomeriggio. Pensavamo che fosse solo un incubo o il pane quotidiano, ma eri tu che avevi perso o che dovevi ancora cominciare a vivere il tuo te. Forse sembra che il libro della nostra vita stia per essere chiuso.

La prossima ondata si avvicina, la confusione è alle porte. Il cielo è più sereno dell'anima. Raccogli la terra con un rastrello, sarà da grande il tuo film. Lo stato di assenteismo naturale ci coinvolge, è un dovere dichiarare che la morte inizia dove la vita termina, dove la realtà sovrasta la fantasia. Un lungo racconto sembra essere iniziato; forse dalla nascita o prima. "Sum pater mundi" prego, continua dopo la nebbia, là in fondo.

7. L'Intrinseco Ponderare delle Realità

Desideravo incontrarti ancora, senza i capricci e senza timori verso il prossimo. Ti avevo già visualizzato nella mia mente pochi giorni prima del tuo compleanno, sapendo che avevo acquistato il tuo regalo perfettamente funzionante. E nota bene, non credere che gli altri siano stati corrotti, ma piuttosto che si siano spostati con il pensiero. Società e vittoria sembrano essere lì come oggetti da collezione, un modo per affrontare il complicato bene, che a volte sembra falso. Ci hanno sempre fatto credere che ci vorranno anni o mesi per diventare qualcosa, mentre il compagno o la compagna accanto a te ti sorride sottovoce, come se fosse un ricordo del tuo passato. Ecco, questi sono i dubbi che si insinuano tra il bene e il male.

La noia è sempre la stessa... non riusciamo mai a metterci d'accordo, ma questo non sarà un problema nostro. Sembriamo tutti oggetti senza anima una volta che una crepa si è formata nei nostri corpi umani, e queste oggettività di cui si sente poco parlare, o a cui si riferiscono veramente, si trasformano in case, palazzi, verde e altro ancora. Dovremmo essere noi a creare la nostra visione del mondo in un software di cui dovremmo essere gli unici utenti, autori e programmatori. Il resto, a volte, è solo nebbia, non per mancanza di volontà, ma per altre ragioni, come la fame. Quando arriverà quel giorno, lo sai bene.

Penso a te ogni giorno... hai ancora qualcosa da dire? Risolviamo ancora le questioni degli umani, e sappiamo cosa è il male oggi, ma il bene rimane sfuggente. Ci ricordano sempre qualcosa che conosciamo e parlano quando possono. In un minuto, sembra impossibile dire tutto ciò che accadrà oggi, ma guarda un orologio o osserva la natura al di fuori del tuo braccio, e capirai che c'è sempre qualcosa da fare.

La vita nasce in un istante, e dobbiamo essere grati per ogni respiro. Non sembra così cristallino, ma è la realtà. "Gli amici" potrebbero essere eretici o blasfemi, non umani. Non funzionerà mai. Se desideri qualcosa dopo la televisione o un topo, parla dal lato destro quando pronunci parole o taci, non essere obliquo. Pensare ai dubbi degli altri come se fossero i tuoi, e se guardando Cosenza di pomeriggio ti accorgi della spazzatura umana presente, pensa al fuoco.

La nostra vita è un calcolo necessario ma incompleto per ora. Continua il tuo cammino, osserva come parlano gli altri. Rinfrescati, mangia e riposati pensando agli altri giorni della tua vita. Hai qualche suggerimento in questo mondo di ladri? Incoraggia, forse non immagini quanto sia necessario. Ora lo sai? Continua il tuo percorso fino alla piazza, o forse hai bisogno di chiamare un avvocato. Hai già finito, ed è tutto così semplice, vero? Perché fare credere qualcosa che non è, o forse due o tre altri motivi, come la bella foto della realtà. Vieni nella stessa piazza con la tua età grandiosa, dove vado io, signore al cubo. Quello che volevamo sono le altre cose del giorno. Non so se ricordi il silenzio o il tradimento, ma non voglio sentire niente da questa Calabria bassa e soleggiata. Quindi dimmi, chi ha rubato il Sole, la vera luce delle cose? Sarà chi ha ucciso?

Non sei ancora qui, nostra bontà. Sta arrivando la primavera. Dove nasconderai il tuo insetto, la tua noia, o il resto del pianeta che non può dichiarare di essere nel male, o dire che le luci si sono spente? A chi appartiene la pace, in fondo? Trattali bene, non hanno risolto nulla in dieci anni. Dieci età fa, la stessa frase, ma la legge rimarrà sempre la stessa, anche in un altro paese, dieci anni fa, con continui ostacoli. Dicono sempre le stesse cose. Riesci a non uccidere tuo padre, la tua ragazza invece del tuo male. E poi, improvvisamente, il buio. Una rottura vera. Il tuo occhio, il mio occhio, poi scivolerà via. Quando arriverà? Sarà che il bene è solo materiale, forse l'orario non reggerà la sedia, o sei una donna che dorme in pullman. Smettila di affittarti una spalla.

Il mare sembra più blu, e quelle non sono questioni di bene ma spirali di deserto, false figure che parlano oltre. Questo mare calmo è penetrato. Sorridi, fai un sorriso, chissà chi capirà il bene oggi. Tutti chiedono a quell'ora. Non è necessario immaginare cosa pensano dei mali, ma ero anch'io un abitante quel giorno. Quanta omertà nella vita mondiale. Dimmi, cosa volevi? Mi ha detto il gatto: l'ufficio è nella strada indicata, sperperiamo tutto il tempo in questa vita e non cogliamo l'attimo dell'adesso. Ladri favoriscano le credenziali. Andiamo dove già sappiamo. Un modo preciso di fare, i nostri dialoghi per raggiungere prima un discorso, sono la nostra intera esistenza.

Ciao, essere terrestre del giorno. Il tuo prossimo o la mia vita, senza più depressioni. La precisione è come uno stomaco. Chi si occupa dei nostri questionari giornalieri per capire cosa sta succedendo? Cosa vogliono da noi? Poi tutti tacciono, fermi, ma ci sono sempre altri due o tre motivi per agire ancora. Forse più in là c'è ancora il male, o chi vive in via Agata. Il miglior nemico potrebbe essere tuo o mio padre. Parole di parole, cose fritte dalla mobilia dei turchi. Dove sono finiti tutti? Cosa diranno i terrorizzati dalla Ferrari, sogno degli italiani? Gli italiani stanno zitti, bene. Sembra un lavaggio auricolare da parte di molti neuro-umani coinvolti. Diventa una tumulazione di organi entranti o uscenti. Lo so, sarà solo il mio esofago, e la modesta passione illuminata dal neon. Solo parole dette di fretta al bar, che brillano come qualcosa che desideri. La mia terra, così continuava il pomeriggio, promette una primavera profumata.

Saluto la donna più viva del mondo, sei la benvenuta questa mattina, alla luce del Sole, cara residente, in quella parte del mondo, in un prospetto malato e ingiuriato, forse i nostri amici sono tutti corrotti. Ma l'anno zero undici rimane tranquillo. Il prossimo anno lo sai già, in un quarto d'ora diventa tutto. Non eri tu a essere ucciso dalla gente, ma se non parli di intrusi, ti confondi e ti ritiri. Sai dove stiamo andando, o forse è già finita? Non c'è tempo per una legge fondamentale mai realizzata. Articoli di concretezza a cui non si può dire di no. Sembrano uguali per tutti gli abitanti, anche se nel corso dei secoli un software fatto di gesti, tabelle d'amore o di materia ci fa vivere, mangiare e governare la storia, verso il bene, il bello, continuando a esistere nel senso di non morire, procedendo verso i nostri atti pubblici di non morte, o di vita oltre il male.

Sarà in un modo davvero per tutti, in modo che il male resti difficile da riconoscere in una persona, anche se ci duplica un'idea o ci vuole tutti zitti per la vera forza di sopravvivere con gli umani piccoli e grandi. Era un falso, ma quale sarà la luce al neon, o la legge ottimale? Dove vuoi andare se non hai, o se non è tuo e originale? Dove sei, lui è lì. Non può continuare a dire cose insostenibili, sembra che oggi non ci sia un altro giorno. Il colore è già stato scelto. Se non sei eretico o il peggiore tra i bracci, cosa c'è da fare? La vita si distacca o si perde in un film, il mondo è fuori, come il gusto del convito. Buona giornata, amico. Fermati dove la morte non c'è e risveglia la tua coscienza.

Andiamo nel soggiorno, ho del liquore. Siediti sul divano. Anche se hai l'iPhone, il proprietario di Apple non è più vivo. Cerca di frenarti, sarebbe bene lasciarli pubblicamente, dannosi in diversi ambiti. Zombi inattivi bruciano, o forse sono solo un palo alle carte. Un'asta, la carne dei governanti senza sangue. Premi quel pulsante e vai via. Non possiamo ripetere cento volte le stesse questioni con un solo problema. Non guardare troppo le persone in faccia mentre torni a casa.

Qui, prima era Pasqua, ora è nuvoloso. Tra le nostre comunicazioni interrotte e il mal di mare della settimana scorsa, forse oggi è colpa dell'aria, o forse no. Cosa afferma la gente, o cosa non sai? Altre cose nessuno le dice o le fa. Cosa vuoi sapere verrà subito dopo un precipizio. Viviamo secondo una sola legge, salta il fosso, chissà, forse è sempre stato ciò che volevamo. Gli anni scorrono, così come i comportamenti organolettici degli umani oggi. Non sembrano questioni di nessuno, eppure si presentano. Continua, vediamo come procede. Se si spegne, è meglio alzare le ali. Forse qualcuno si ferma. Caro antistaminico, forse troveremo l'altro senso nella quiete. Lievemente scorre il giorno.

Potrebbe essere uno strumento reale, "il parallelo", che non dovevi conoscere, un rapporto che facilita l'osservazione su un soggetto, tipo oggi è come ieri in un mondo di perduti, o sarà facile perché mi guardi. Non sai che io già so? Vuoi fare pace, non sono affari personali, prosegui per arrivare a casa. Come sempre, il Sole dice cose buone, dì tu ciò che desideri.

8. Mutamenti Eccessivi e Veloci

Gli esseri umani si presentano come depositari di profonde conoscenze intrinseche, intrappolate in strutture simmetriche. Tuttavia, un'osservazione attenta rivela la fragile natura dell'umanità. Non è motivo di compassione, poiché è incerto che gli individui possano mai giungere a una completa comprensione di sé stessi. Gli individui si manifestano come frammenti di un mosaico disomogeneo. In considerazione di questo, possiamo esplorare una prospettiva intrigante. Invito a una conversazione sulla straordinaria essenza del giorno di sole che ci attende.

In accordo con il tema del libero arbitrio, il dissenso si presenta come un concetto chiave. Quando si emette un'idea nell'etere, essa può tornare indietro come un boomerang. Le lacune nella nostra percezione dell'universo possono essere paragonate ai gusti assenti in una gelateria, con la consapevolezza che, in fondo, esiste sempre una risposta. La responsabilità di dare significato e definire la realtà è interamente affidata all'individuo. Allungando lo sguardo, è possibile intravedere il corso dell'esistenza, poiché, in molti contesti, esprimere le proprie convinzioni rappresenta il primo passo per possederle. La risoluzione potrebbe trovarsi dietro la soglia della propria abitazione o nel perpetuo mistero del futuro, che, da una prospettiva linguistica, può essere interpretato come un invito all'eresia, da seguire senza vincoli di luogo.

Sembra esserci una profonda frattura tra l'individualità e il mondo esterno. Le direttive prescrivono di evitare sia la retrospezione che l'introspezione, per evitare il rischio di instaurare comunicazioni oscure e incomprensibili. Se si decide di esaminare dettagliatamente una fotografia, si suggerisce di farlo fino a che si raggiunga il limite, evitando l'insorgere di frustrazione. La pace non può essere considerata un male, nemmeno in presenza di silenzio profondo.

Il mondo stesso si rivela come un enigma, nonostante si manifesti in tutto il suo splendore davanti ai nostri occhi. L'impatto dei problemi generati oggi e il comportamento che dobbiamo adottare per garantire la continuità della nostra esistenza rimangono oscuri. Eppure, non possiamo evitare di riconoscere le subdole interferenze invisibili, i virus che si infiltrano nei nostri tranquilli turbamenti e le prolungate ignoranze che contraddistinguono questo glorioso anno zero undici. La verità, anche se apparentemente chiara come un giorno di maggio di un'epoca passata, si rivela comunque evidente, così come un'apparizione in un deserto in cui si ignora se si stia guadagnando una vita preservata.

La vita, indipendentemente da quanto svela la nostra mente, rimane un enigma. Non è possibile prevedere il numero di problemi che sono stati generati oggi o definire le azioni necessarie per garantire la sopravvivenza. Le questioni possono apparire chiare, eppure spesso vengono travisate, mentre il dubbio rimane sempre presente. La chiarezza svolge un ruolo fondamentale nelle comunicazioni contemporanee, così come la parola "chiaro".

Nel vasto panorama delle conoscenze diffuse nella nostra regione, gli ostacoli si ergono come dominatori della situazione. Questi ostacoli emergono da fonti oscure, e talvolta è necessario sospendere l'azione, riflettere e ristabilire l'equilibrio, come concedersi una pausa per dissetarsi. La vita può apparire molto diversa da quanto immaginata, ma spesso è solo una questione di interpretazione. Non è sorprendente che le parole perdano significato in situazioni in cui la nostra presenza, di fatto, non è mai rilevante.

Inoltre, i significati autentici delle parole, anche dal punto di vista legale, possono variare notevolmente. La possibilità che il nostro futuro sia racchiuso solo nei ricordi delle prime pagine, magari in un libro scritto da un autore ignoto, non è da sottovalutare. Il silenzio si manifesta come il vento, un'entità che non conferma né nega la nostra esistenza. Siamo quasi trasparenti nell'etere, rappresentando una realtà che, forse, non è mai stata.

9. Individuo Senza Tempistiche

In epoche passate, la realtà si manifestava in tutta la sua semplicità: la memoria era ancora intatta, incontaminata dalle offese recenti, e il mare splendeva in tutta la sua limpidezza. Ero un essere umano senza un concetto di tempo definito, vagavo tra un bar, una strada, una piazza, uscivo dalla mia dimora per cercare di comprendere chi fossimo in quel giorno. Mi bastava avere un dispositivo a schermo davanti ai miei occhi, un mezzo per percepire attraverso un software ciò che era destinato a realizzarsi. Questo comprendeva anche un senso di sottomissione, oppure l'indagine se a Roma si approfondiva il significato dell'esistenza per tutti. Un velo di silenzio ci imprigionava dopo le vicende della settimana precedente. La corsa contro il tempo sembrava necessaria, la malinconia si faceva strada, e un espresso nel bar d'inverno o l'aria fresca delle montagne nel cuore della città erano i temi principali di conversazione, trattati con una fissazione su sé stessi.

Nel presente immediato, sembrava che ogni istante potesse segnare la fine del prossimo. Mentre il futuro era stato riconosciuto come il giorno di venerdì o sabato, il dibattito si spostava su questioni di legge, sempre fedele alla costituzione. Ora ci ritrovavamo confinati in casa, ciascuno intento a fabbricare la propria arma. La precisione del male potrebbe essere fuorviante, ma aveva le sue peculiarità, diversamente da una foto in cui i sorrisi della serata erano sinceri. Il passaggio occasionale della polizia non ci spaventava; continuavamo a gustare una tazza di latte caldo mentre affrontavamo i problemi sociali e l'inefficienza costruita artificialmente. In questo periodo di cambiamento, sembravamo essere tutti nella stessa situazione, mentre la questione dell'indipendenza veniva discussa in un linguaggio criptico.

In realtà, il mondo sembrava un enigma, e la nostra esistenza si svolgeva in un silenzio oppressivo. Non potevamo fare a meno di notare il peso delle responsabilità quotidiane, gli sguardi dei nostri simili e le relazioni che diventavano sempre più complesse. Camminavamo in modo disarmonico, consapevoli di non aver mai compiuto un vero passo in avanti. In una giornata comune, la gente rimaneva a bocca chiusa, nonostante i problemi e le questioni irrisolte fossero sempre più pressanti. La pazienza divenne la chiave per comprendere la nostra esistenza, ma la solitudine si faceva strada. Nel contesto di questa malinconia pervasiva, i problemi quotidiani continuavano a tormentarci, come dinosauri che camminavano sulle nostre spalle.

Nel nostro mondo, tutto sembrava vuoto, e l'unica costante era il silenzio che ci circondava. Non sapevamo cosa fosse successo a chi ci era stato vicino, e la mancanza di comunicazione era sempre più evidente. Il futuro sembrava tradito dagli eventi del presente, e il passato era costellato di enigmi irrisolti. Mentre ci siamo abituati a vivere senza una realtà definita, la nostra esistenza è diventata un compito sempre più complesso.

Mai nessuno verrà qui, e dubitiamo che possa verificarsi una qualsiasi evoluzione. Le decisioni sono prese in modo unilaterale, e l'individualità sembra scomparsa. La libertà rimane un concetto lontano, e il silenzio diventa la nostra unica difesa. Nel nostro mondo, la legge viene distorta, e la giustizia è difficile da trovare. La realtà sembra essere una costante sfuggente, difficile da definire, e gli umani rimangono oggetti disordinati in un puzzle complesso. La conoscenza scientifica e filosofica è sempre più avanzata rispetto alla nostra comprensione, e la luce del Sole risplende in modo enigmatico sulla nostra esistenza.

10. Giove, L'Astro Radiante Sovrastante

Nell'inizio, talvolta la traiettoria si sviluppa in direzioni inaspettate, svelando territori che non erano mai stati considerati prima. Questa evoluzione può essere attribuita ai misteri del fascino che ci spinge a procedere. Tuttavia, questa continuità permane inespressa, come un tabù che persiste in modo indomito. Oggigiorno, tuttavia, affiorano dubbi di natura più profonda, enigmi che si radicano in qualcosa di ancor più sostanziale. Ciò che desta interrogativi è quanto ciò che è così prossimo sia il risultato della nostra volontà o una conseguenza di ciò che è avvenuto in un luogo remoto conosciuto come "qui". Al termine delle loro esistenze, hai mai considerato se i tuoi autori prediletti fossero omosessuali? E quali riflessioni ci suscita il fatto che qualcuno getti un'ombra sulla stagione estiva che si profila, ovvero l'estate stessa?

Era un luogo umile e modesto, apparentemente piccolo e trascurabile. Questa medaglia di esistenza, per quanto modesta possa apparire, accompagnerà ognuno di noi lungo l'arco del tempo. Come le lancette dell'orologio che annunciano l'arrivo dell'estate sotto il sole, in uno stato permeato da una illegittimità non dichiarata. Oggi, sembra quasi un numero da giocare nella lotteria dell'eternità, mentre assaporiamo i piaceri della vita senza dover affrontare il declino. Il mio concittadino smarrito, ho finalmente compreso il tuo desiderio di un mondo più ampio, in linea con la tradizione che sussurra queste questioni. Purtroppo, gli esseri umani appaiono come clandestini, estranei al suolo, privi di documenti aggiornati e della sensuale gioia terrena dell'oblio. Forse vi è il timore di erigere palazzi troppo alti, un atto che ostacolerebbe la loro crescita oltre le limitate prospettive. Proseguirai in questa conversazione, oppure hai subito minacce che ti hanno indotto al silenzio? Anche se le apparenze possono trarre in inganno, rivolgiamoci l'uno all'altro, un'altra nazione ci accoglie, sostituendo il Pinocchio precedente. E sei ancora tra i vivi, ma dove sei stato? Ci trovavamo a metà di una lavatrice? La situazione può apparire consueta, ma la settimana scorsa eri stato trasferito in un campo di concentramento. Le differenze generazionali giocano un ruolo chiave, e non dovrebbe sorprenderti se il popolo dell'inferno in terra abbia portato via ciò che ci sta più a cuore.

Tra te e me, si erige un'enorme distanza, ma forse non te l'ho mai rivelato? Non è una realtà che può beneficiare due esseri, ma piuttosto una lotta di potere tra noi e l'infinito. Cosa prediligi: la mia presenza o il tuo lavoro? Il mare o qualcos'altro? Tuttavia, non preoccuparti, sei vivo, e questa è la sola realtà che conta. Il maestro afferma che la magia è reale, ma il miglior studente non sarà mai in grado di comprenderla appieno. Dimmi, quale atto di ira stai sperimentando ora, in assenza del tuo coinvolgimento in questa giornata? Senza il premio in denaro necessario per acquistare il biglietto per ridere delle questioni quotidiane di quest'anno?

Cara terra calabrese, sorridi! Il sole di maggio ci ha

risparmiato dall'oscurità e dalle esagerazioni, anche se stavamo discutendo d'altro, come se preferissimo il bene o la distanza tra la tua dimora e il luogo in cui lavori. Sono i ricordi più profondi quelli che persistono con maggiore vividezza, anche se potrebbe rappresentare un sogno riuscire a esprimere le parole giuste per comprendere il significato del nostro silenzio. Gli spazi terreni sembrano consentire un vagare senza fine. Forse continueremo ad essere come bambini, o forse siamo destinati a restare adolescenti per sempre, senza né morire né invecchiare. Bene, è ora di andare via, sbrigati, o il pranzo si raffredderà. Lascia quella tazza di caffè a metà. Spero in un secolo di luce per questo millennio, dopo tante ere passate, indipendentemente da quanto lontano sia il nostro presente.

11. Motivazioni Autentiche

Quando il Sole segue il proprio corso, noi rimaniamo immobili, spettatori dei destini in divenire. Ma quando giunge il momento desiderato, ispirato dai nostri autori prediletti, quanto dell'istinto di sopravvivenza è inciso nella nostra psiche? Strade deserte attraversate da detriti nelle città e l'oro necessario per assaporare l'aria, mentre molti procedono in uno stato di stordimento. I lavori rimangono incompiuti, oscurando la luce del giorno durante le domeniche e persino nei giorni di festa, quando si nega il Dio cristiano. Ah, le tasse, sono troppe, azzarderei dire. Guarda quanto quei falsi fascisti non abbiano risparmiato sforzi, creando un'opera barocca di oggetti luminosi destinati al male. Aspirano a incarnare il male, diffondendolo in tutto il mondo, ma dove e come si diffonde rimane un mistero indecifrabile. L'habitat di Cosentino sembra essere un enigma irrisolto, e discuterne in altra sede non è una priorità. Non concentriamo la nostra attenzione su quanto è accaduto o sugli esseri nelle strade, sugli oggetti falsi o sulle persone cancellate. Il potere è infinito e brilla su una montagna di caos e spazzatura. Riportiamoci alla realtà, lo sai bene, saranno le mura della nostra città a crollare su di noi, poco importa chi governi o chi scompaia, ridendo della nostra vera esistenza che si estingue. Tra le molte questioni, dovremmo restare isolati nelle nostre singole entità... e tu lo sai, certamente lo sai, sei un debitore di conoscenza.

L'essenza si trasforma in possesso, il mondo è andato perduto prima ancora della nostra nascita. L'odio potrebbe non essere scomparso del tutto, ma, come molte altre cose, è meglio dimenticarlo per sempre. Dimentichiamo il declino, poiché le parole taglienti non perdonano i loro debiti. Immagina quanto possa essere profondo il nostro contesto questa sera. Sorridi! Cambia, se è già trascorso molto tempo dall'apparizione dei "mancanti", poiché il giorno successivo porta con sé compiti e sfide. Gli umani non discutono del "nostro spazio", ovunque esso sia. Dicono di vivere bene, ma il bene è intrinsecamente legato al male. Non esiste una prospettiva condivisa, solo frammenti di memoria resistono nelle menti delle persone. Vediamo solo formiche e chi soccomberà a malattie, conflitti e bombe atomiche. Moriremo insieme alla fine del mondo, che sembra essere già avvenuta, ma la ragione per lasciarla alle spalle è ancora presente. Siamo nati per restare soli ed eternamente vivi, come lo siamo stati per secoli. Abituati, altrimenti la vita sfugge. Non chiudere gli occhi davanti a uno hobbit o ai gobbi, ai "promo". La vita non è un "promo". Non ci credi? Perché ciò che è esterno diventa "esterno", anche quando non sei presente in una stanza, al riparo dagli inquinamenti atmosferici.

Dicono che in questo luogo ci si congeda, che la separazione è già avvenuta. Non sappiamo cosa dire, ma qualcuno continua a respirare, anche se era un parassita. Non raccontare al presente che non siamo scomparsi. Preferirei che nulla di pubblico fosse accaduto. Nessuno ci spiega come agire, a chi dovrebbe appartenere il fuoco di benzina. Il motivo del nostro essere, il mio e il tuo, resterà un enigma. Siamo nati per rimanere soli ed eternamente vivi, questo è stato il nostro destino per molti secoli. Adesso, prosegui sulla tua strada, seguendo la mappa fino a raggiungere la X.

Quando si esaurisce una risorsa energetica, ci rimane soltanto una capsula di luce blu nella nostra mente. Hai caramelle in tasca? Forse è meglio di no. Era Pasqua, e mi sono appena svegliato. Non sapevo cosa mi mancasse, ma sentivo che mancava qualcosa. Sai, quando il colore della giovinezza sbiadisce, è meglio avere qualcuno accanto a te durante il giorno festivo. Questa società è in costante evoluzione, ma non riusciamo a distinguere chi stia parlando. Forse sono vermi o pesci. La legge e le sue molteplici manifestazioni ci dividono, ma cosa desideriamo realmente? Cosa cercavamo qui? Cosa apprezzavamo di più? Presto il Sole si nasconderà. Non c'è nulla da cui possiamo recuperare i nostri ricordi personali, i soldi e le amicizie. Questo è il nostro Stato, il bene in poche, ma significative parole, che dovrebbe prendersi cura dei nostri bisogni con le tasse che paghiamo. Dichiariamo la verità. Nessuno ammetterà la verità, anche se, lo sai bene, la verità è palese.

Affrontare la realtà diventa difficile quanto banale. Una guerra quotidiana è ciò che incontreremo questa mattina.

Il silenzio rappresenta una barriera insormontabile, mentre la comunicazione aperta è l'unica via d'uscita. Nessuna forza costringe, a meno che non sia un fatto. Dove possiamo cercare ciò che appare invisibile, come il giusto orientamento o il luogo in cui può risiedere. Il denaro, anche nero, è potente, ma al di là del denaro esiste solo il male, non il diavolo. Cancellare parzialmente o completamente la memoria, come una lobotomia, sono azioni che non hanno spazio nell'attuale successo televisivo. Non preoccuparti, non perderemo la ragione, indipendentemente da quanto il mondo possa sembrare lontano. Andare alla deriva può sembrare peggio che cercare qualcosa. Un frutto, un bacio, un pomeriggio.

Gli umani moderni non hanno mai dato molta importanza alla storia, eppure la storia continua a ripetersi costantemente. Addio, viaggiatore prossimo alla fine. Osserva la crescita. Nessuno comunica con noi, non possiamo avanzare a passi da due metri l'uno, o come nel caldo estivo del 1970, scrivere è considerato sbagliato, e quindi parliamo male, perché un male ci sovrasta. Che Dio ci perdoni. Ci sentiamo sempre più vicini alla fine.

12. L'Altezza a cui Si Eleva Misteriosamente

È sorprendente come brilla, mentre la verità rimane semplice, retta, banale ed essenziale come un debito accumulato di quindici euro, mentre il mondo si svela ai nostri piedi. Alcuni insistono nel far di questa semplice verità un pedaggio per placare la fame o colmare lo stomaco. Si presentano come nevrotici, parassiti che persistono, rubando qualcosa al giorno di chiunque altro... come te, forse lo ignori.

Quante autorizzazioni per rientrare a letto o

permessi per evitare il sonno, odiato essere umano moderno? Ti auguro una buona domenica d'agosto, sperando che finalmente qualcun altro parlerà alla profondità dell'anima. Spesso ci si sente oltre, come una descrizione in un documento, anche quando si è fuori. Si è oggetto di invidia! Altre volte ci si comporta come un parassita quotidiano che cambia colore ogni dieci minuti. Alcuni sono sorpresi da coloro che si impegnano nella routine degli affari a colazione, mentre altri sono oppressi sotto il peso di una cavalletta. Ormai non ricordiamo quanto abbiamo pagato, data la quantità di ostacoli personali, ma oggi è un nuovo giorno. Le questioni comuni dovrebbero essere semplici, eh, basta quella parola. Chiunque sia in disaccordo può andare per la sua strada. Hai notato quanto siano deludenti le dinamiche di oggi? Ci sono ancora momenti da attendere e persone da elevare. Eppure siamo prossimi a qualcosa, dà il massimo, nulla è ancora giunto al termine.

Iniziamo con le tradizioni e arriviamo alle faccende domestiche, dal futuro che diventa presente, ma talvolta l'età gioca scherzi strani. Occasioni ripetute già pagate, ma sprecate in persone momentanee, sempre in questo stato di rilassamento o di semi-coscienza. L'ambiente, a volte, richiede miglioramenti, creando uno spazio libero per il male al posto del consueto bene. Le meraviglie della tecnologia sono utili anche per non dimenticare il proprio tempo o il Texas. Il lavoro è guadagnato insieme a persone innominabili, in un giorno di luce in una società disinteressata. Tutto parte dalla semplicità di un problema irrisolto in un mare agitato. Non era proprio così, e la questione principale non era l'opposto della giustizia. Uno strumento sulla scrivania è molto più utile, nonostante ci siano molti elementi e troppe parole. In quale anno ci troviamo? Il grande coyote è ancora vivo? La terra sembra una montagna senza la melodia che ci difenderebbe. Siamo come gli altri esseri umani, ma non parlano per nulla. Sembrano celati dietro a un albero. Ma chi può dire quante sfide stiano cercando di affrontare?

Siediti e prendi un caffè o un tè. Le persone pubbliche ingrassano le loro ghiandole, restituendoci la libertà in pegno. Una volta seduti, il disturbo è stato già pagato. Se non vuoi essere coinvolto nel mondo di Gulliver, sei la persona più importante qui. Un male in più è un errore del tuo opposto. Chiunque cerchi di recriminare e vendicarsi contro di te senza permesso, in realtà, sarà lui a soccombere come in un sogno. Chi è solo un oggetto, proprio come desidera essere, come un singolo pensiero, è una figura indifferente in questo gioco. Cosa rivelano gli eventi della settimana passata? Cosa è veramente bello? Chi governa? Il lavoro è stato già svolto. Ciò che è stato costruito diventa un programma, un manifesto comune per tutti. Anche coloro che oggi rifiutano il dialogo erano una forma diversa di falso e delinquenza moderna, ma ciò appartiene al passato e sono passati cinquant'anni da allora.

Penso sia giunto il momento di condividere la tua verità, la nostra verità e spiegare il motivo per cui molte cose sono rimaste in sospeso. Cosa desiderano veramente le persone moderne, sia che siano avvocati, politici o lavoratori in generale, infine, individui comuni? E chi se ne preoccupa? Nemmeno un amaro può dirti quanto fosse bello vivere all'aperto dopo il lavoro.

Gli italiani, acuti ma spesso perplessi, sono abituati a subire gli stravolgimenti della realtà, persino coloro che tentano di ingannarla. Chiunque desideri conversare con un amico in una stanza senza pavimento può farlo. La soluzione è semplice come l'acqua che scorre via. Ora, dove ti trovi tra le strade degli esseri umani? Siamo tutti confusi, mutati, e la vera natura del "quando" o del "quanto" nei giorni nostri rimane oscura. Anche in America sembra che tutto sia uguale, come la settimana che conduce a questa domenica. Alcuni ti accusano di appartenere a noi, ma ribadisco anche agli altri e ai loro vicini: il rudere è la base, ma come tutto il resto, è soggetto a molteplici interpretazioni.

13. Figure Distanti

Con serenità si può spiegare anche l'attuale momento, il suo inquietante e perenne "per sempre". In qualche modo, eravamo noi, anche se non ci riconoscevamo più. Scherzavamo, ci riferivamo a qualcosa che sembrava oltre di noi stessi, forse a una realtà in cui fluttuavamo come spettatori. Per me, sembrano solo problemi che proiettano la colpa sugli altri, celando la nostra complicità, rendendo noi stessi complici di un crimine, ora in due. Forse per loro è diventato normale, e saranno comunque considerati nostri amici.

Tra poco mi preparerò un caffè. Ho ricordi saturi di questa estate, un periodo privo di lavoro e impegni, ricordi di coloro che rappresentano veramente il sale della vita. All'improvviso, tutto prende significato e diventa una necessità, non più un obbligo o una questione commerciale. La legge smette di essere solo un pezzo di carta e si trasforma in una parte intrinseca dell'ordine naturale, una registrazione temporale o un tempo trascorso reso palpabile. Penso a quanto indecisione e insicurezza persistano ancora oggi, e come la falsità si intrecci con la religione. Un male si gonfia, ma rimane un vuoto, un oggetto vuoto, mentre noi siamo quelli che non vogliono, proprio come la canzone.

Siamo soli tra gli altri, oggetti parlanti che non offendono. Ricordo che era già estate quando te ne sei andato. Hai ancora qualche problema, o sei tu e la tua vita? Oggi, dimmi cosa sarà vietato, cosa ci impedirà di essere liberi di vivere insieme? Saranno questioni legate alla conoscenza personale, impedimenti posti dai professori o dai sindaci? Scrivilo anche tu. Sono stati molti anni di sofferenza, eppure non esiste nemmeno un giornale che parli di quei fatti che sconvolgono occhi e stomaco. È sorprendente che non ci sia ancora un pulpito pubblico. Ti rinnegherai oggi nel pomeriggio. Mi fa sorridere. Vuoi cancellare il valore della nostra provincia? A quanto pare, allontanandoti con una lente d'ingrandimento, sembra una messa in scena. Ma tu lo sai con chi stai parlando? È sempre con me.

Forse alcuni colleghi erano distratti e fissavano con occhi di fronte a quel "nerd", ma poco importa, siamo stati pagati. Pensiamo che le cose peggiorino quanto più vanno in profondità. Non hanno mai considerato un telefono. Vivono troppo in basso. Non abbiamo un citofono permanente o uno degli strumenti che conosci così bene. Loro sono tuoi mariti o tue mogli, e via dicendo, amici e conoscenti di questa Italia. Secondo me, in fondo, era una costruzione basata su strutture all'interno e all'esterno di casa. Un vivere nel posto sbagliato. La legge è solo un palo tra le carte. Il pasto che assaporiamo ha sempre lo stesso sapore.

Gli esseri umani complicano notevolmente la vita, spesso senza una giusta cura. Il resto di noi è da utilizzare per comprendere il proprio lavoro, gli altri incarichi o per produrre, impostare anche un discorso economico. A volte, serve consumare uno strumento per scoprire tutte le sue funzionalità. Non spegnere mai la testa, nonostante gli affari e le cerimonie. In quale anno ci troviamo? Il grande coyote sarà ancora vivo? La terra sembra una montagna senza la musica per difenderci. Siamo come gli altri esseri umani, ma non parliamo per niente. Sembrano celati dietro a un albero. Ma chi sa quante sfide stiano cercando di affrontare? Siediti e prendi un caffè o un tè. Le persone pubbliche ingrassano le loro ghiandole, restituendoci la libertà in pegno. Una volta seduto, il disturbo è già stato pagato. Se non vuoi entrare nel libro di Gulliver, sei la persona più importante qui. Un male in più è un errore del tuo opposto. Chiunque cerchi di recriminare e vendicarsi contro di te senza permesso, in realtà, sarà lui a soccombere come in un sogno. Chi è solo un oggetto, proprio come desidera essere, come un singolo pensiero, è una figura indifferente in questo gioco. Cosa rivelano gli eventi della settimana passata? Cosa è veramente bello? Chi governa? Il lavoro è stato già svolto. Ciò che è stato costruito diventa un programma, un manifesto comune per tutti. Anche coloro che oggi rifiutano il dialogo erano una forma diversa di falso e delinquenza moderna, ma ciò appartiene al passato e sono passati cinquant'anni da allora.

Penso sia giunto il momento di condividere la tua verità, la nostra verità e spiegare il motivo per cui molte cose sono rimaste in sospeso. Cosa desiderano veramente le persone moderne, sia che siano avvocati, politici o lavoratori in generale, infine, individui comuni? E chi se ne preoccupa? Nemmeno un amaro può dirti quanto fosse bello vivere all'aperto dopo il lavoro.

Gli italiani, acuti ma spesso perplessi, sono abituati a subire gli stravolgimenti della realtà, persino coloro che tentano di ingannarla. Chiunque desideri conversare con un amico in una stanza senza pavimento può farlo. La soluzione è semplice come l'acqua che scorre via. Ora, dove ti trovi tra le strade degli esseri umani? Siamo tutti confusi, mutati, e la vera natura del "quanto" o del "quanto" nei giorni nostri rimane oscura. Anche in America sembra che tutto sia uguale, come la settimana che conduce a questa domenica. Alcuni ti accusano di appartenere a noi, ma ribadisco anche agli altri e ai loro vicini: il rudere è la base, ma come tutto il resto, è soggetto a molteplici interpretazioni.

14. Eterne Ripetizioni

Sempre gli eterni archetipi, invariabilmente configurati e basta, il mese di settembre giunge, se solo potessimo comprendere, ma c'è chi afferma che il riferimento è al mese, non alla persona. Esaminate la mia elegante veste, indefinitamente marchiata, una sequenza... non sorridete delle innumerevoli inesattezze quotidiane, sono il più emblematico in questo mondo, imprecisioni quali la vita permane, un errore smarrito o per sempre dimenticato. Forse ancora oggi, persino con l'apocalisse imminente, rimane qualcosa da affrontare, sembra che sia giunto il momento di agire, data l'imponente e serio obbligo condiviso o il concetto di profitto. Ora l'indicatore si è acceso, possiamo procedere, tra le cose da memorizzare: dichiarare la verità, o l'urgente necessità di esprimere ciò che ci turba.

Il pomeriggio si innalza ma si conforma alla sera, chissà se un giorno raggiungeremo il premio supremo nella nostra eclissi nativa del mondo, qualcuno lo dichiara con franchezza per quale lucro, tutti gli altri restano nell'ignoranza. Si può godere del premio epico giornaliero, che sorge ogni giorno, ma persiste nell'esperienza condivisa degli esseri umani e nei loro rapporti interpersonali, quando, e chi sa cosa doveva accadere. Sarà veramente così... o quanto avresti disposto a corrispondere oggi, e perché sembrano tutti insensibili coloro che lasciano le loro dimore... piacere di avervi conosciuto, un gesto formale come in chiesa, quante contrarietà nell'era moderna, chi sa cosa è inutile scrivere o proferire, forse guarire come accentuare una sillaba. Cosa può essere celato in fondo, per favore, non pratichiamo il male, mai troppe sono le informazioni, perché non brilli più.

Infusi, impacchi, l'autunno ha inizio, un'Italia a venire, una repubblica fondata sul lavoro, di inglesi e di coloro che ce l'hanno fatta. Hai mai sentito parlare di chi ha cercato di operare il bene in casa per la patria, o di creare sé stessi e gli altri per regalare una sorpresa... così umano, con i frammenti sparsi, sopraggiunge l'autunno, la tua marca di marmellata preferita, fino allo zero o al punto di partenza del nostro treno, dalla posizione da cui ripartirà. L'identico, le solite cose, ma se si osserva quanto sia bizzarro perpetuamente immerso nelle medesime cose o quel taglio sulla fronte che non ricordi, sembra che sia emerso dalle frodi fiscali laggiù, in fondo, dà fuoco all'assenza, conferisce alle fiamme dei nostri sogni... sono soltanto residui di un passato ormai lontano, oltre alle frodi e alle ingiustizie statali che penetrano nelle case, tu sei il tuo male o il male, è come se ci volessero sempre stati, ripristinati e ricodificati come automi, chissà chi sa, o forse è meglio occuparci di altro ora.

Vivere in un film, anziché in una replica, magari senza denaro reale, senza respirare l'aria del cielo, beh, è preferibile non ascoltare semplicemente le chiacchiere degli abitanti della nostra nazione, sempre in movimento verso est e nessuno vuole iscriversi, la vita scorre davvero in fretta, così cosa desideri oggi, comprendere la parola o l'essere umano, percorriamo la strada verso est, ma dobbiamo fermarci di fronte a un errore di pagamento, la solitudine, credimi, la parità è da mettere in carcere! Le parole sono sempre uniche, mai si è cancellato un saldo, sai, in un tempo passato, la giornata di oggi si viveva, anche quando sembrava che in città fossimo gli unici, cosa vuoi vedere ora su quel manifesto, non ci sarà nulla scritto, anzi, non esiste. Maledette distanze, chissà cosa attende oggi le persone, con quanta profondità, cosa occupa la nostra mente ora, se sarà viva o se si è fermata. Il viola troppo intenso sulle nostre labbra, forse il vento contrario è stato troppo forte o semplicemente una distanza maggiore del dovuto, cosa ci aspettavamo poi, andiamo a casa.

L'aria fresca, la rugiada del mattino, cosa ci dicono in fondo, un motivo sarà applicato all'inizio di questa giornata o sei già abbastanza maturo da provarci nuovamente, forse il nostro prodotto dovrebbe essere venduto prima di essere destinato alla perfezione eterna, in ricordo del nostro essere umano più grande, o se desideri parlare di realtà. Una scelta brilla come la luce del giorno, insieme a quella trasparenza di cui abbiamo bisogno, un gommino per cancellare macchie ed errori, avevi intenzione di vivere sereno oggi o di creare per poi bruciare, come suggeriva il nostro amico. Accade, noi non siamo quelle persone... che dovremmo pensare di essere, ormai saremo più maturi, devi sapere chi è Giuda almeno, e perché siamo lontani, o se una donna di facili costumi è un uomo. Strappa il tuo scontrino personale oggi, per la gloria di domani, guarda la tua mano... oggi i pensieri si pagano, il ricalcolo diventa un dovere, forse hai perso il sonno o sono stato troppo conciso, un trattato è un documento valido per separare le idee, per discernere il bene dal male. Hai qualcosa da dire, capirai i vermi... quelli che non sono stati compresi, ancora una volta il bene o gli uomini per comprendere il presente, perché non si può sfuggire, la luce è la legge.

Il vestiario, le bollette, l'affitto e le spese per la casa in generale, la realtà è una sola, due o molte... chi può dire dove finisca la fantasia e cominci la vita. Chissà cosa voleva il mondo oggi, buona notte, cara brigata, alla fine non sapevamo se cadere anche dalla parte opposta della montagna, a volte non si sa ancora cosa rappresenti un prodotto elevato all'esponente di un pensiero, solo vittime del fascismo, delle frodi e delle calunnie fiscali, pagando le tasse, dove sarà inciso il nostro male è per noi... o se verrà dopo una persona o il padre nostro per liberarci, amen. Deliziosamente smarrito e profondo come me, immagino quante persone, quanta gioia e riposo, una terra promessa raggiunta ma trascurata, il riposo degli animali non lo avremmo vinto oggi? Quel pacco è ingombrante, non impedire all'altro che arriva oggi, come ieri, ma cosa può dare fastidio a essere un privato? Sembrano situazioni ordinarie, senza interventi, o lasciate che gli altri facciano il loro lavoro e fai il tuo, dipende da con chi parli o chi ti insulta quotidianamente, come ho sempre detto, i tuoi problemi sono problemi di tutti, non esistono questioni personali. Una pubblicazione fresca e chiara è sempre necessaria, per capire che senza spostarsi da dove ci si trova, su una strada parallela a quella che stiamo percorrendo, ci sono le stesse cose che dovremo indossare anche gli altri.

15. L'Aura e l'Imminente Stagione si Confondono

L'incessante tumulto delle strade batte con forza per il nostro benessere eterno, non mi nascondo dietro la confusione, che appare come una nebbia che non illumina la giornata. La chiarezza, d'altro canto, richiede ancora studio e riflessione. A volte, mi domando quanto lontano sia quell'albero in cui possiamo trovare riposo, quando prima nemmeno sapevamo che fosse un albero. Una cosa è certa: gli esseri umani spesso non sembrano interessati a conversare con chi è presente. In cinque minuti, dichiarano di aver terminato, ma forse si tratta di argomenti moderni o di una questione dietro l'angolo. Questo sembra sfuggire alla comprensione comune, ma è il ritmo della vita.

Oggi, la nostra presenza fisica è in pericolo, e la ragione risiede nel silenzio. Che importanza ha il nostro essere, ehm... forse solo in caso di guerra o della fine del mondo. Ho sentito parlare di uno scontro imminente, di un nuovo modo di dividere le forze o dell'andare del tempo odierno. Un enigma noto come "l'indifferente" rimane insoluto, e non sappiamo cosa voglia davvero. Forse stiamo perdendo il filo del passato o il volto del pesce che ha influenzato la nostra società stasera, o i ricordi. Raccontami cosa hai in programma per cena, ah! Un'altra puntata di una serie poco pubblicizzata sui quotidiani terrestri. Ma in fondo è ben noto... il colore del sole è bello come l'acqua, anche se ladri e disordini non sono mai stati risolti. Stare attenti al segnale mentre il sole tramonta, o nel condividere la tua preferenza su dove vivere, la luce e il resto. La mano gioco non vuole morire, ma respirare lentamente, lentamente.

Ancora noi o le storie degli altri. Sorridi se desideri

sorridere, il resto sembra già essere a casa o, come il male, fuori. La confusione non sembra un'alleata dell'economia, ma un segno che sfugge e non fa ridere. I soldi, invece, rimangono come un fardello, e il dubbio persiste fin dall'adolescenza, come in un sogno. Lo Stato sembra essere come in un sogno, e i parassiti si schiacciano con una mano. Ma forse oggi è una buona giornata per una nuova lavatrice, anche se dura solo dieci anni. Ora è eterno, come le persone adulte che non rubano i ricordi ma rivestono gli errori della loro adolescenza. La confusione non sembra essere amica della nostra economia, ma un segno che sfugge e non fa ridere.

Il presente è come un mattone che non può fermarci, ma sembra essere il suo stesso capo, mentre oggi si apre davanti a noi. La mattina sa di latte e non può essere bella come la sera. Pulp Fiction suona quel telefono. L'evidenza ogni tanto non può essere tradita, e decide cosa siamo oggi. Cos'era il soggetto, o quali sono gli obiettivi dell'annientamento. Lo Stato sembra essere come in un sogno, ma la mattina sa di latte e non può essere bella come la sera.

Siamo gli stessi umani di sempre, sempre in movimento tra il passato e il presente. Guarda quanti soldi sono ancora necessari, anche se sembra che ci abbiano imposto una spesa enorme da saldare. È sempre tardi, c'è fretta, il lavoro va fatto per il futuro, mentre il presente si piega a un passato che si è già compiuto. La vita non è solo un'illusione, ma un atto compiuto che va oltre il vuoto. Il presente è come un mattone, mentre il passato sembra la sua parola.

Il nostro mondo si sviluppa costantemente, ma spesso sembra vuoto. Forse abbiamo esagerato, ma continuiamo a spostarci. Il futuro è sempre uguale, e il presente sembra vuoto. Non si può dire di no all'evidenza, e ora il presente è tutto ciò che vogliamo vedere.

La mia mano mi dice di non fermarmi, ma di considerare l'infinito del presente. Siamo già arrivati, ma il messaggio è stato nascosto. Il male è una tradizione che ci precede, e il passato sembra sfuggire. Oggi è l'inizio di un futuro che sta arrivando.

16. La Presa di Lumière

Le potenzialità dell'hardware e del software per l'evoluzione sono pronte per essere sfruttate; si profila ora un nuovo panorama, e potremmo ufficialmente dare forma a questo cambiamento. Questo dovrebbe essere un nostro obiettivo prioritario. Rifletto sulle possibilità di rendere più agevoli alcune abitudini e di evitare altre. Tuttavia, spesso la concretizzazione di questa visione rimane una semplice teoria. Dobbiamo costantemente evolverci, ma sembra che nessuno sia in grado di promuovere un cambiamento all'interno dei confini della legalità. Hai forse notato che oggi il leader ha espresso solo un parziale pronunciamento, proveniente dalla figura più autorevole all'interno del quadro istituzionale generale.

Come può essere considerata illegittima una macchina che svolge le proprie funzioni in modo impeccabile? Curiosamente, dobbiamo essere in grado di distinguere chi ha difficoltà a comunicare, chi si adatta e si evolve nel tempo, e chi assorbe risorse finanziarie o informazioni. La realtà è una sfumatura che sfugge a chi paga senza rendersene conto.

La macchina è attualmente il simbolo del presente. Avrebbe potuto risolvere il problema della fame nel mondo, ma purtroppo non è stato sfruttata appieno, mentre noi restiamo ancorati alle nostre abitudini. Forse hai riflettuto sull'idea che il futuro prospettato stia effettivamente prendendo forma in questo momento. E lo stesso si verificherà domani per chi ne sentirà il bisogno. Non possiamo più permetterci di rimanere indietro, poiché la vita è in costante evoluzione. Preferiresti nasconderti dietro una maschera? Io mi accetto così com'è. Sto aspettando, ma questa non è un gioco. Tutti sembrano in silenzio, quasi come se fosse un addestramento per raggiungere la massima espressione nello stato pubblico e per evitare sanzioni; è essenziale segnalare situazioni legali al di fuori dell'ordinario all'interno dell'apparato statale.

Stiamo diventando esseri umani differenti? Sta forse giungendo al termine la brutale lotta di strada che alcuni uomini conducono come animali? A volte, la fine arriva proprio oggi. Il nostro dovere pubblico è donare, come all'inizio di questo secolo. Non possiamo permetterci di restare immobili, poiché la nostra energia si esaurirebbe. In alcune situazioni, è necessario spostarsi, è il nostro dovere per evitare la stagnazione. Il dovere serve a preservare la vita. Cosa rappresentava un'idea, una parola o un gesto, sia da parte tua che da parte degli altri? Non si tratta soltanto di errori, poiché non sempre il computer ci avverte; la creatività sembra mancare in questo contesto, spesso dovuta a carenze non nell'hardware, ma nel software. Sembrava che fossimo già nel paradiso, eppure manca qualcosa; la legge è come una luce perfetta, ma necessita della spiegazione adeguata, che comprende lauree, diplomi e molto altro. Questo futuro non è quello che cercavamo, e sembra sfumare via. Cosa rappresenta una moderna "camera a gas"? Ora concediamoci una pausa, sembra che tutto sia in fiamme. Nonostante siamo nati, vivi e naturali, ci sentiamo incompleti, come se mancasse l'unità di elaborazione centrale, il buio. Mancante è una legge, come una luce perfetta; nessuna regione si distingue da un'altra, è il nostro mondo, il bene, un futuro incompleto.

La formattazione delle idee prende la forma di un capitolo autonomo. I cittadini della nostra città si svegliano oggi con una sensazione di vuoto. Ti prego di non ascoltare la radio mentre leggi! Non tutte le spiegazioni di questo universo emergono ancora. La nostra realtà non è ancora completa; oggi può portare cambiamenti o può giungere un nuovo giorno. Anche se paghiamo, sembra che le informazioni siano sia pubbliche che private. Il predominio del male non può essere ignorato; c'è un'ombra, ma la verità ha due facce, una che ci rappresenta e una che è chiara. La verità è un prodotto senza prezzo, senza uno scopo specifico e senza una data di scadenza. Queste nozioni sull'esistenza e la valutazione si riflettono nella loro descrizione, nei confini della legge e non al di fuori di essa. Si parla di oblio, di chi è stato dimenticato perché non ha attivato il pulsante per il giorno successivo. Il presente è già stato pagato, ma un governo per il bene comune e per il progresso della terra deve ancora essere completato.

L'elaborazione delle idee si traduce in un capitolo separato. Non è necessario intaccare la realtà, lasciamola all'interno delle sue mura e proseguiamo altrove; qui nessuno sembra desiderare un cambiamento. Non è solo questione di essere o diventare, né si tratta solo di accelerazione. Non possiamo vivere senza l'altro lato della medaglia, proprio come senza tutte e quattro le estremità, sia presenti che assenti. La presenza non significa assenza, e la carne non è inanimata; potrebbe essere paragonata a un elettrodomestico acquistato in un negozio. Ora è a casa, a differenza delle persone che partono, lasciando l'abitazione con impegni irrinunciabili volti a combattere la povertà, con molti agenti beta in circolazione dopo dieci minuti dall'impatto. Chi vince è chi sei, non sei soltanto una mente, non sei soltanto un nucleo domestico; sei un prodotto nazionale lordo, uguale per tutte le regioni. Ne hai sicuramente sentito parlare, saranno tutti uguali, oppure una prigione, proprio come la vita, caduta dove la lama non arriva, e tutti gli italiani, e poi forse non sono delle unità superiori, scherzo. La fine non è proprio l'inizio, non puoi iniziare dal piede per finire alla testa, dal basso per risalire verso l'alto. Non sappiamo cosa fare con le mani impregnate di cemento; gli esseri umani non sono tutti uguali.

Siamo già in una buona posizione, anche se sembra prematuro, o sembra che non possiamo fare a meno del nostro pasto preferito. Non c'era nessuno quando siamo arrivati, l'affare non è stato conveniente. Il massimo e il bene non coincidono. Non possiamo funzionare perché siamo noi stessi o il nostro riflesso. Non è vero che siamo vivi, né dentro né fuori? Era semplice, avevamo solo bisogno di un finanziamento. Il futuro deve essere acquisito, non può essere regalato; sostenere il contrario è una falsità. La fine è solo l'inizio, non possiamo sperare ancora. La vita è un gioco? Dove sei finito, se non tra le copie della vita di oggi, perché oggi svanisce nella nebbia. Hai acquisito velocità, ora è il momento di fermarsi. Oggi è già migliore, è già sufficiente.

Il passato di dieci anni non può essere cancellato. Ascolterai parole forti, ti diranno cose terrificanti, forse ti hanno comunicato messaggi ancora peggiori. Tuttavia, guarda con occhi più attenti, perché sta finendo. Fa' un sorso di qualcosa.

17. L'Intricato Mistero di Permea

L'Europa, dalla parte in cui ci troviamo, ci pone di fronte a un enigma: il motivo per cui non esiste un prodotto pubblico tipico richiederebbe la competenza di un ingegnere o di un giurista. L'inesorabile avvicinarsi della morte, che talvolta sembra sorgere senza alcun intervento, potrebbe derivare dal timore di non riuscire a esprimerci adeguatamente sotto i cieli del sereno Celeste o dall'angoscia di sentirsi come zombi. In molti casi, abbiamo pagato il prezzo di ciò che non abbiamo impedito.

Oggi, in Italia, spesso ci sentiamo distanti dal mondo circostante. Ma cosa succederebbe se l'unico errore fosse il non possedere nulla? Forse ciò ci avrebbe già condotto altrove. Talvolta, siamo intrappolati nell'ambito del dissenso, senza via d'uscita apparente. Non c'è un escamotage; sembriamo circondati da una sorta di estinzione apparente. Da esseri spenti, non si può più avanzare, mentre in vari modi, la morte può giungere veramente. Resistiamo dove c'è, come si dice, una transazione finanziaria. Spesso i nostri errori sembrano rimanere senza riconoscimento. C'è una costante richiesta di un esame su tredici dimensioni, con l'obiettivo di essere proiettati per la fruizione del pubblico.

Osserva attentamente, e nel corso di dieci anni, sia nel passato che nel futuro, scoprirai un'inesauribile falsità in ciò che ci circonda, sia che si tratti del nucleo centrale o di qualsiasi altro aspetto. Sì, scatta una foto. Ancora una volta, emerge la complessità nella sintassi, nell'articolazione delle idee e nelle comprensioni emotive. Ci assomigliamo alle città che saranno ispezionate una volta giunti alla fine del domani.

Una soluzione teorica che sovrintende è il

carburante per avanzare nell'autostrada della vita. Quando è presente, possiamo procedere, altrimenti rimaniamo bloccati. Anche se ci troviamo nel cuore delle cose, non possiamo spostarci liberamente. Hai mai visto in un film americano il trucco di distribuire denaro alle persone? In Italia, questo approccio non funziona, poiché troppi parassiti o individui svuotati da ogni vitalità fanno la loro comparsa. Alcune volte, la situazione si rovescia, come quando il silenzio è la via da seguire per evitare ammissioni imbarazzanti. Cosa aspettarsi? Forse ci penserai domani o il mese prossimo, in questo gennaio tredici.

Talvolta sembra come cercare di spegnere un fuoco con la bocca o sognare ad occhi aperti. Assisto a una popolazione di individui apparentemente sopraffatti dall'illegalità. Il bene non richiede spostamenti; una relazione ci unisce in due, permettendoci di avvicinarci in modo equidistante. Siamo chiamati a rimanere uniti per comprendere, condividere e reagire insieme. Per toccare terra, è essenziale avere un amico chiamato gergo, altrimenti, sembra che desiderino che viviamo al loro posto, in una sorta di libertà criminale, al di fuori delle convenzioni sociali, senza lo spazio per costruire una città dentro un'altra. Non possiamo vivere il bene senza almeno un biglietto da visita, una ragione per vagabondare. Si dice che il mondo stia declinando, e ci serve immediatamente un po' di respiro. Le parole sono separate da problemi di sintassi e sogni irrealizzati. Preferisco riflettere su come possiamo cambiare e su come il mondo sta cambiando in questi giorni. Quindi, rimaniamo fermi mentre scatto una foto... sorridete.

In alto, si attiva un software alternativo, superiore a una banca privata nascosta sotto il bancone, che avvia la musica con un solo clic. Il bene non è che un linguaggio, in sintonia con il presente, quindi non neghiamolo; il presente ucciderà il futuro. Questo accade, se lo desideriamo. Cosa avremmo potuto fare nella nostra piena autonomia? Una realtà si rinnova nella sua manifestazione. Non è solo questione di superfici errate o di ricordi; dobbiamo decomporre le esperienze e collocarle su un quadro per valutarne il valore, anche dal punto di vista economico. Dobbiamo lasciare andare oltre a resistere. Siamo già in uno stato di lenta decadenza, già privi di vita... sembriamo una società esausta, ma non catastale. Sì, viviamo e ridiamo, ma sembriamo costantemente perdere.

Chi sono coloro che raggiungono la pienezza?

Spesso si perdono nella descrizione della realtà. Ah! Se solo tutte le voci svanissero, potremmo dire che siamo indifferenti o al di fuori delle categorie statali. Tuttavia, il bene è ora più presente della fine. Le mani si piegano per chi ha rinunciato a desiderare qualcosa. Il domani sarà sacro, ma tu non eri ancora presente. In questo momento, non ci sono leggi o religioni aggiornate. Lo Stato sembra continuamente fallire nel perseguire il bene, come se qualcuno volesse cancellare la nostra esistenza, sia in quanto individui, sia nella nostra dimensione collettiva. Ciò sembra un atto malevolo, spesso autodistruttivo.

Buongiorno, e ti presento la colazione dei ricordi. Cosa hai acquistato da Samsung? Cosa si cela dietro i post con lavaggi antifascisti a cottimo per individui distratti? Lavaggi di memoria, trasformazioni delle personalità, di idee in blocco. Non abbiamo ancora compreso il costo di ciò che portiamo nelle nostre tasche. Ecco, abbiamo finito. Ora torna a casa. Il domani inizierà, e tutti vorranno i soldi per comprare un nuovo giorno, senza più dare nulla in cambio. Installa ciò che è possibile, anche senza istruzioni scritte. Nessuno è venuto a parlare senza un preconcetto schema di pensiero. Il non-istituto sembrava essere per me una sorta di truffa o inganno.

Ha una carta d'identità, come gli anni spesi senza un vero scopo. Non vi è motivo di iniziare una conversazione; semplicemente, non è mai iniziata. Nessuno l'ha mai portata a termine, e se verrà completata... forse non otterremo nulla di più dalla vita? Ora, osserva la foto del professore che ti ha laureato e rifletti su quando si è fermato. La polvere e l'amianto non sono rilevanti. A volte, gli esseri umani si abbandonano, sono simili ai frigoriferi. Rifletti su come il desiderio svanisca con il tempo, su quanto sia stato necessario per non volere più nulla. Ti è mai capitato di passare davanti alla tua vecchia università e renderle omaggio quanto fosse vuota? Il vero peso di ciò che ingurgitiamo e il rame... hai mai sentito parlare del rame? Buona giornata di lavoro, ci vediamo domani.

Tutto ciò era nascosto dietro alle parole, più veloce della velocità di un braccio. La calma sembra il futuro, ma la vera domanda rimarrà senza risposta. La tua situazione inizia da oggi e continua fino all'anno successivo. Ma tutti parlano e nessuno alza gli occhi; o tutti alzano gli occhi ma non vedono nulla. Forse è stato il viaggio un inganno, breve... ma cosa significa "più in alto"? Ci sono esseri umani più in alto? Chi sono? Come sono fatti? Quali sono le loro opere?

Saranno colui che pronuncia oggi, domani, e dopodomani. Sai ridere come uno scomparso, sai quanti milioni di euro ci sono nelle tue mani o in quelle di tutti? Le tasse di tutti o la differenza tra il bene animale e il soggetto. Ma perché tutti parlano, escono, si divertono e non risolvono? Sai quanto costa una soluzione? Si può acquistare, avrai senz'altro sentito parlare del vero, del contemporaneo, o forse di ciò che manca. Tutti presenti, tutti spenti, e non c'è tempo. Troppo di ciò che abbiamo già, troppo superare il non-istituto o gli amici che ospitano il male a casa loro. Non rappresentano il futuro, come sembra. Hai mai sentito dire che il futuro deve essere accuratamente ripulito? Si deve agire. Il resto del mondo sa quanto costa risolvere, se desideri farlo. Alcuni hanno bisogno di molta più audacia per dire "anche oggi". Tra l'altro, ho notato che un altro bene si è manifestato. Ma che turbine di vento hanno spazzato via la volontà di procedere oggi? Troppo indietro, troppo lontano. Sembra tutto invano, eretico o inutile. Ci sono troppi soldi spesi per l'oblio, oggi è sempre lo stesso. E guarda anche domani. Quanti ne saranno spesi fino alla fine dell'anno? Alcuni saranno pagati anche per vent'anni.

Si potrebbe pensare che il male sia un'enorme

ignoranza, che sembri rappresentare la coscienza negativa o l'assenza totale di uno scopo, o addirittura l'arrivo dell'età adulta. Per guardare quest'abisso di menti svuotate, non dobbiamo solo ascoltare, ma anche coprire le orecchie. Né tu né la morte bastate da sole. La verità si paga in altro modo ed è insormontabile. La casa e la bomba sono i mezzi per giungere a questo punto. Dobbiamo attendere che le cose convivano insieme in armonia. Il futuro ci paga, il futuro che era il passato. Il futuro si paga. Acquista la tua realtà virtuale, anche senza istruzioni scritte. E ora hai solo bisogno di una dichiarazione per tutti. Bene, questa era la nostra vita. Ora, fai un gesto di saluto con una mano, sei diventato come un dio.

18. Pronuncia la Tua Voce Interiore

Miracoli più ampi, amori intensificati, le cose che un tempo erano chiare ora si fanno oscure. Il giorno sembra mancare, e forse è a causa della mia assenza nei video, nei cuori, o forse è dovuto alla mia presenza più accentuata. Non ci soffermiamo a discutere il nostro attuale stato o ciò che fu in passato; le nostre passioni infuocate e gli amori segreti, così amaramente odiati nelle nostre vittorie, percorrono le strade di questa città nel tredicesimo anno zero con una percezione migliore oggi. Che cosa intendiamo per eresie?

Quel braccio maledetto, anziché compiere un'azione specifica, sembra svolgerne un'altra. Potrebbe essere un male del moderno, costantemente avvolto nell'oscurità, senza una chiara direzione, così da non percepire più la sensibilità sotto la pelle. O forse è un modo di dichiarare tutte le cose e di rimanere immobili. L'ultima parola che completa la frase sarà sempre una generale sensazione di smarrimento e mancata riconoscenza, simile al contrasto tra il dolce e il salato. Nella routine della vita, il nostro interiore si rinnova costantemente, e oggi è eterno. Non cadere nella trappola dell'inganno. Il passato dei soldi spesi risplende, o di chi li conserva in archivi. Il progresso si consuma nel futuro, nella porzione di vita e nell'era che ci aspetta.

Camminare rappresenta la capacità di cambiare e guardare oggi, rivolti verso il futuro. Oppure rifletti su come i nostri governi abbiano risolto i problemi angolari dei nostri corpi. Un lavoro ben eseguito verrà ricompensato col tempo, ereditato dai secoli precedenti. Hai dei dubbi? Cosa è successo di recente? Cosa cercava il male o chi si è presentato? Forse sarebbe stato meglio andarsene prima. Per comprendere meglio, vai in chiesa, un luogo in cui un tempo ci si recava per fare il bilancio dell'ora. Oppure apri una pagina qualsiasi, e sembrerà tutto diverso rispetto a quanto hai detto. Nel frattempo, alcuni giovani, dopo quarant'anni d'attesa, hanno occhi illuminati da una luce differente. Non dubitare, né pensare a dove vorresti arrivare, poiché potresti non raggiungerlo mai.

Le differenze di appartenenza all'interno di un unico corpo possono risultare eccessive; ecco un esempio di ciò che non veniva notato. Nella società, gli esseri umani sembrano abbastanza adattati. Non preoccuparti in quest'anno duemila e tredici, dove il confine tra il falso e il vero è spesso sfocato. Di solito non parlo con gli individui presenti, ma oggi faccio un'eccezione. Procedo con l'intento di comprendere cosa il lavoro signifchi, oggi o sempre. I dettagli più piccoli sono sempre compresi nel bene. Soldi e problemi sono spesso sovrapposti tra i voli celesti e il grigio moderno, l'uno seguendo l'altro senza sosta. Siano benedette le eresie.

Ti è mai capitato di sentirti intrappolato in un ciclo senza fine? Le idee o il freddo dei conti in banca sembrano non avere alcuna connessione con altri calcoli, interrotti da conversazioni che non giungono mai a conclusione. La giornata sembra eterna, una canzone sempre uguale, mentre il mondo splende in bianco, e chi si cela dietro la porta ha già scoperto sorprese nei calcoli e nei risultati dei computer. Cervelli sempre aggiornati in blocco per sorridere con maggiore brillantezza nei giorni reali. Quindi, dovremmo vedere o esaminare tutto, sia persone che oggetti. La convinzione persiste che esista un punto d'incontro in cui tutte le realtà si sovrappongono, indipendentemente da chi o cosa siano, poiché ognuna possiede un'essenza unica.

Le differenze risiedono nei corpi solidi e nelle personalità autentiche. Esiste il desiderio di diversità tra piccoli e grandi, anche se nessuno sembra voler lavorare, poiché potrebbe sembrare ignorante. È tua la scelta, senza rischiare danno. Il rispetto delle regole prende una forma differente dalla realtà. Alla fine, siamo tutti uguali. Dichiariamo noi stessi e il mondo come un passatempo, uno sport, o forse come...?

19. L'Impeto degli Esseri

Le parole sembrano ormai esauste, come se le munizioni fossero esaurite, e ciò che rimane da fare è intraprendere una riflessione profonda. Non raggiungeremo mai nulla se non siamo qui, né oggi, né domani, né in qualsiasi momento futuro. Immagina quanto sarebbe preferibile uno schermo in grado di riconoscere persino la tua assenza, sicuramente una soluzione migliore rispetto a tutto il tempo trascorso senza ricevere una chiamata. Questo intervallo sembra allontanarsi, scorrendo come un mezzo senza preferenze di pubblico. Ancora oggi spieghi cose agli altri e ti ritrovi a chiederti cosa avessi da dire in precedenza. Forse, se non siamo sicuri di dove collocare il nostro senso di esistenza, il clero potrebbe rappresentare una risposta, anche se il motivo non è del tutto evidente. Ad ogni modo, se non riusciamo a distinguere tra l'animale e l'hardware, o tra il solido e il liquido, dovremo accettare questa limitazione.

L'accelerazione delle persone ci affascina; sembrano macchine che stanno guadagnando velocità, ma in realtà sono la stessa realtà, una soluzione che funziona a tutte le velocità. Quante persone hanno creduto che il bene fosse solo un volo? Chi sa dove si è nascosto il nostro circuito preferito, forse tra coloro che camminano verso mezzogiorno lungo la strada principale della nostra città? L'ignoranza, a volte, se vogliamo ammetterlo, è uno strumento più efficace. Tuttavia, alcune informazioni devono essere acquisite, come gli effetti, i risultati o le dissoluzioni nei punti chiave di ingresso e uscita, o in qualsiasi azione. Alla fine, la questione residua è già stata risolta. Prima o dopo una discussione, cosa facciamo? Cosa amplifichiamo per tutti? Il piacere non è una novità, mentre la modernità nel suo senso più ampio potrebbe rappresentare un'eccezione, mentre noi ci consideriamo ormai estinti. Un po' d'aria, dimmi, è un piacere o un fastidio?

Arriverà un nuovo arrivo, una nuova situazione... un pubblico e noi, chi sogna e chi parte. Avanziamo insieme invece di restare solitari. Una soluzione funziona a tutte le velocità, principalmente per essere compresa da noi o da chi condivide le stesse sfide, evitando tentativi eterni per crederci.

20. L'Ingegnoso Intrigo tra Scacchi e Dama

Il gioco della dama sembra rappresentare il concetto di regolamentazione nelle dinamiche umane, una chiave per comprendere le leggi con semplicità. In contrasto, gli scacchi incarnano la complessità della vita, una sequenza di mosse da effettuare, un discorso applicato alle azioni pacifiche e virtuose. Nel ventesimo secolo, un'epoca che precede la nostra attuale comprensione, sembrava che nulla avesse importanza. Non vi era bisogno di enfatizzare alcun punto specifico, poiché si trattava di perseguire il comandamento del bene superiore. Era il fondamento primario all'interno del caos, il nucleo stesso della nostra società in evoluzione. Tuttavia, oggi potremmo essere portati a credere che nulla debba persistere. L'idea è svanire, cancellare, eliminare uno stimolo alla volta e infine tutto in una volta. Ma ci resta la speranza di ritrovare ciò che è stato perso.

In questo mondo, non vi è spazio per giochi, e non potremo mai veramente conoscere i pensieri altrui. Forse il male rappresenta una connessione tra amici vaganti, oppure è un segreto profondo che non può essere condiviso con nessun altro, custodito solo da quegli individui che possono comprendere questa esperienza singolare. Questo sembra una sorta di perpetuo furto, e l'idea che il bene possa scomparire o non sia sufficiente sembra estrema. Ogni tanto, dovremmo ride delle situazioni, riconoscendo che anche in passato abbiamo vissuto la varietà della vita, e abbiamo imparato che il male è un elemento estraneo all'interno del bene. Preferisco oggi evitare chi attribuisce al male il ruolo di forza primaria, considerando le parole come semplici giochi, rappresentazioni di ciò che comprendiamo. Questo è un esercizio per spostarci verso un altro stadio di comprensione, che sia oggi o per sempre, dove una giornata può essere condensata in soli cinque minuti.

Quando tutti i mali saranno eliminati, e avremo portato tutto dalla nostra parte, sarà un'impresa notevole. Forse un giorno avremo uno strumento o un software che potrà automatizzare il processo di purificazione e separazione, poiché talvolta gli esseri umani potrebbero non essere abbastanza preparati mentalmente o fisicamente per affrontare appieno questo compito. Prendiamoci una pausa, mangiamo o beviamo qualcosa, impegniamoci in attività produttive ed educative. In quanti oggetti ho investito ultimamente, e tutto sembra essere contaminato e dannoso: il male, l'incapacità, o semplicemente il modo in cui queste influenze si insinuano. L'importante è rimanere in vita, perché qualcuno o qualcosa ci sta aiutando, e ho scoperto che quel qualcuno, quel qualcosa, siamo noi stessi.

Se qualcuno ti ha ferito, cambia il ritmo della musica nella speranza di non versare lacrime. Questo non è solo un'illusione, ma è essenziale liberare lo spazio intorno a te e al tuo corpo, mantenendo solo l'aria vicina, che è legata a te. Pagheremo il prezzo, ma spesso non comprendiamo che gli umani non sono solo animali, come i gatti o i cani, ma esseri umani. La musica dà forma al tempo, rinnovando ogni giorno, e credo che un mondo sia stato già creato per noi, anche se alcuni non credevano alla mia esistenza o al mio passato. Le cose accadono come gli altri dicono, e possono prenderci in giro, sostenendo che nulla esiste. Ma noi rimaniamo noi stessi, saremo sempre la nostra compagnia che non ci abbandonerà mai. Rappresentiamo una specie di documento d'identità, con la nostra natura umana accompagnata da cinque o sei oggetti e carte di credito. Abbiamo interessi, anche se non sono scritti, e non dovremmo mai permettere che ci offendano costantemente. Non dobbiamo mai lottare con nessuno, dobbiamo semplicemente allontanarci, anche da soli. Ci sono molte cose da scoprire da quando siamo nati. La maggior parte di queste scoperte risulta molto più interessante di una brutta storia, e non avrà mai fine. La vita fluisce e diventa più profonda ogni anno, finché il male non svanisce, e i petali cadono. Te ne accorgerai, o forse non lo farai, ma ridi: è il tuo futuro.

Un giorno, ciascuno di noi completerà il proprio percorso. Ora è tempo di riposare, la vita giungerà alla sua conclusione, ma non ci saranno altre scene da interpretare, solo una soluzione rimarrà. Non ci sarà più bisogno di sognare, ma solo di concentrarsi sulla ciliegina sulla torta, donando la nostra vita agli altri che continueranno. Inizierà il regno della morte, ma la vita ci raggiungerà in anticipo. Alcune volte, fatico a riconoscere me stesso, e forse volevo dirti che ho pensato saresti stato tu a comunicarmelo. È sempre difficile accettare ciò che non desideriamo, che potrebbe diventare la nostra paura. Ci dicono che qui non ci sia nulla, che siamo soli, ma in realtà siamo noi che abbiamo vinto il male. Altrimenti non saremmo più in vita. Credo che, dal punto di vista scientifico, dovremmo imparare a scoprire noi stessi tra gli altri. Oggi, però, dormiamo, viviamo insieme a tutti come esseri svuotati. Forse non abbiamo ancora compreso appieno il lusso. Cosa ne pensi?

Non riesco mai a dormire da sveglio, e nemmeno riesco a concentrarmi sul compito del male oggi. Questo sembra essere un effetto della solitudine, una sorta di vudù, e non tollero le restrizioni, specialmente in un mondo di involucri che assomigliano agli esseri umani. Non credo che ci sia un bene che non sia bene, e non dovrebbe trattarsi solo di potere o di mancanza di coraggio nel riconoscere la realtà profonda. Qui, ci sono coloro che rendono possibile questa impotenza, quindi non alzare mai la testa, perché uno non è uguale all'altro. Gli esseri umani sono diversi, e tutto dipende dall'interesse che già si ha. Ricorda che la partecipazione o l'assenza da una conversazione ha sempre un impatto.

La direzione è più importante del movimento stesso; essa ci permette di vedere al di là della vita, di procedere senza distrazioni, di andare in una sola direzione fino a raggiungere un obiettivo che non esiste. Un mondo offuscato è difficile da descrivere di fronte a ciò che non rasciughiamo appieno. Forse i titolari sono accecati, o forse il passato ci aiuta a vedere chi eravamo in precedenza e ci consola rispetto al presente. Ma dovrebbero essere gli occhi degli altri a guardarci, eppure sembra che il mondo sia disposto a renderci invisibili e inutili, cercando di farci assomigliare a loro per i loro scopi. Non dovremmo mai cercare di essere semplici, poiché i problemi appartengono agli adulti, non ai bambini, anche in un mondo a volte immaturo.

È meglio lasciar perdere, partire con ciò che hai e proseguire verso un nuovo futuro, che alla fine è sempre lo stesso. La realtà e il sogno sono due facce della stessa medaglia. Non voltarti mai indietro, una luce accecante potrebbe accecarti. In qualche modo, inventiamo la nostra vita in base a ciò che suggerisce la nostra immaginazione, a ciò che riteniamo giusto. Guardiamo al futuro come a una visione virtuale: un vasto prato fiorito, un ruscello e un'aria fresca. Viviamo sorprendendoci del fatto che gli altri parlino con noi, vediamo cose che gli altri negano. Concludiamo la giornata quando arriva la notte, il contrario di quanto si intenda in Italia. Disponiamo sempre di almeno due chiavi per ciascuna delle soluzioni più complesse, è solo una questione di tempo. Sarà solo quando si avvicina l'ora tarda che i segreti si sveleranno. Dall'istante in cui l'orologio segna le nove di sera e l'oscurità avanza verso la mezzanotte, è il momento ideale per "confessarsi" all'universo.

A volte, sembra un peccato essere soli a quest'ora del giorno, ma il lavoro mi impone di svegliarmi presto e passare spesso le serate da solo. Rifletto sul futuro senza arrecare danno a nessuno, come ho sempre fatto. Domani mattina, la luce tornerà, migliore delle nuvole, e il sereno sarà un dono. La tolleranza sembra essere una forma arcaica di prevenzione, proposta da coloro che non comprendono appieno ciò che li circonda. Desiderano entrare, o forse subire una lobotomia? Quello che risiedeva in noi è svanito, mentre ciò che è all'esterno rimane. Noi siamo forti, resistiamo, sopportiamo e andiamo avanti. Quando si fermerà questo esercito? Forse è giunto il momento del giorno del giudizio universale! Le persone si fermano, e se alcune trovano pace, spesso si sentono confuse, maltrattate, re programmate. Sognano che tutti si fermino, ma raramente ho visto uno Stato regolare l'arresto di questo processo. Quindi, tutti qui sono auto-didatti o scolastici, una distinzione che potrebbe diventare inutile. Continueranno a cercare porte per uscire da questo labirinto, cercando spazi aperti, respirando l'aria fresca, di giorno o di notte.

La mia teoria sulla legge suggerisce che le persone siano assenti. Possiamo compiere tutte le azioni positive del mondo, ma se rimaniamo confinati in una bolla, in un ambiente di lavoro vuoto, senza la possibilità di essere utili agli altri, allora tutto ciò non ha senso. Non possiamo essere programmati o lobotomizzati mentre dormiamo. Cerco costantemente il contatto con gli altri, ma spesso non riconoscono la loro stessa mancanza di conoscenza. Dobbiamo sempre pulirci, specialmente prima di andare a dormire, lasciando solo una sensazione di purificazione psicologica, per evitare di essere programmati o lobotomizzati da influenze dannose e per ritrovare il giorno e la notte. E poi, le ore, i minuti e la nostra vita. Come ti ho già detto, ridiamo. Questa non è un'altra realtà. Ora, non ho tempo per discutere delle persone, le incontrerai domani per strada, forse programmate durante il sonno, esseri variabili chiamati umori, ma che sembrano spesso esseri umani truccati da imbecilli. È sempre importante pulirsi prima di andare a dormire, eliminando qualsiasi traccia di sporcizia, specialmente quella psicologica. Questo è un esercizio per non essere programmati o lobotomizzati dal male. La vita scorre, la notte tornerà, e forse ci incontreremo ancora. Sorprenditi, e scoprirai che la vita può essere vissuta senza complicazioni. Speriamo di essere ancora in vita quando accade.

21: La Sinfonia dell'Esistenza

In questo intricato balletto della vita, scopriamo che ogni essere è una nota unica in una sinfonia cosmica, una composizione di infiniti movimenti che si intrecciano in un misterioso armonia. In questo universo di suoni e silenzi, la nostra presenza può sembrare tanto piccola quanto un sussurro nella notte, ma è attraverso il nostro sguardo che diamo vita a questa grande opera.

Mentre le lancette dell'orologio avanzano, riflettiamo sulla complessità dell'umano, una creazione di risonanze emotive, pensieri sfumati e desideri intrappolati nell'eternità. È nella nostra capacità di discernere il bene dal male che troviamo un faro per guidarci attraverso l'oscurità. Eppure, spesso il confine tra questi due poli sembra sfuggire alla nostra comprensione, come se fossero note incomprensibili di una partitura mai finita.

Le parole e le azioni, anche se scritte su uno spartito, possono perdere il loro significato quando la musica del tempo le trasporta via. Il passato sfuma nella nebbia del ricordo, il presente è un inestricabile intreccio di melodie e il futuro rimane un mistero, una composizione che attende di essere scritta.

È un mondo di contrasti, una partitura dissonante in cui ogni individuo è una nota diversa, ma tutti contribuiscono al crescendo della sinfonia. Ecco perché dobbiamo essere custodi della nostra unica melodia, cercando costantemente di migliorare e perfezionare il nostro contributo a questo capolavoro condiviso.

I mali, come dissonanze nella musica, sono sfide da superare e risolvere, non solo per noi stessi ma per l'intera orchestra dell'umanità. Le sfide possono essere affrontate, e attraverso sforzi congiunti, le note discordanti possono alla fine trovare la loro armonia.

L'importante è rimanere vivi in questo continuo flusso di note e pause. Qualcuno o qualcosa può guidarci, ma alla fine siamo noi stessi i direttori delle nostre melodie. Nel silenzio della notte, nei momenti di riflessione, possiamo ritrovare la chiave di questa sinfonia, la luce che ci guida attraverso le ombre.

Quando il giorno del giudizio universale arriverà, non temeremo, perché avremo suonato ogni nota con passione, risolto ogni dissonanza con compassione e compreso che l'arte dell'esistenza è una composizione in continua evoluzione. Ogni giorno è una nuova partitura da scrivere, un nuovo movimento da eseguire, una nuova melodia da scoprire.

E così, mentre la notte si fa più profonda e le stelle illuminano il cielo, continuiamo a suonare la nostra parte in questa straordinaria sinfonia dell'esistenza, consapevoli che ogni nota, anche la più piccola, ha il potere di creare un'armonia eterna. Il futuro ci attende, ma ora, in questo momento, siamo vivi, e questo è il nostro dono.

22: L'Intreccio Cosmico delle Vite

All'interno dell'infinita vastità dell'universo, ciascuno di noi è come un minuscolo granello di sabbia, in un caleidoscopio di stelle e galassie. Questa immensa tela cosmica, intessuta da forze misteriose e antiche, è lo sfondo su cui danziamo attraverso il tempo.

La nostra esistenza è una danza senza fine di connessioni e interazioni. Siamo intrecciati con le persone, i luoghi e gli eventi che attraversano il nostro percorso. La vita stessa è un'opera d'arte in continua evoluzione, e ogni individuo contribuisce a dipingere un pezzo del quadro completo.

Ogni incontro è un capitolo nella storia dell'umanità, un nodo nella rete delle relazioni umane. Nel nostro cammino, incrociamo vite e destini, lasciando un'impronta indelebile sulle persone che incontriamo e sul mondo che ci circonda.

I fili dell'intreccio umano possono essere intricati e complessi, pieni di sfumature e sfide. Ogni individuo è come un filo colorato, aggiungendo la sua unicità al disegno complessivo. I momenti di gioia e di tristezza, di successo e di fallimento, contribuiscono alla bellezza e alla complessità dell'intreccio.

Ogni azione che compiamo è una mossa in questa danza cosmica. Siamo sia ballerini che coreografi delle nostre vite, influenzando il corso degli eventi con le nostre scelte. Ogni parola che pronunciamo, ogni gesto che facciamo, è una nota in questa sinfonia senza fine.

Nella danza degli intrecci, affrontiamo sfide e

conflitti. Le differenze di opinione, i malintesi e le divergenze possono portare a momenti di dissonanza. Ma è attraverso la comprensione e la compassione che possiamo riportare armonia nella coreografia della vita.

La bellezza di questa danza sta nell'accettare che ognuno di noi è parte di un tutto più grande. Le nostre storie si intrecciano, creando un ricamo intricato di esperienze condivise. Questo intreccio, a sua volta, è intessuto nella trama dell'umanità.

Le relazioni umane sono come stelle luminose in questo vasto universo. Possono essere brevi stacchi o lunghi dialoghi, ma in ogni caso, sono un'essenza della nostra esperienza. Attraverso di loro, condividiamo emozioni, gioie e dolori, e cresciamo come individui.

La nostra responsabilità come partecipanti a questa danza è di agire con consapevolezza. Dobbiamo essere i guardiani dei nostri intrecci, lavorando per rafforzarli e nutrirli con amore e rispetto. Allo stesso tempo, dobbiamo avere il coraggio di sciogliere quegli intrecci che non ci servono più, senza ferire né ferirci.

Nella danza degli intrecci, ogni passo è

un'opportunità di apprendimento. Le sfide sono occasioni per crescere e per scoprire nuove mosse nella coreografia della vita. La nostra esperienza si arricchisce attraverso i fili di connessione che creiamo.

Le persone che incontriamo sono specchi delle nostre anime. Nel loro riflesso, vediamo aspetti di noi stessi che potrebbero essere rimasti nascosti. Questa reciproca illuminazione ci aiuta a evolvere e a crescere.

La danza degli intrecci è un'opera in continua evoluzione. Ogni capitolo della nostra vita è una pagina nuova da scrivere. Lasciamo un'impronta indelebile sulla tela dell'esistenza, contribuendo alla storia dell'umanità.

Guardando indietro a questa danza, vediamo un mosaico di esperienze, un dipinto unico che rappresenta la nostra vita. È un'opera d'arte in continua evoluzione, intessuta con i fili delle relazioni e delle esperienze umane.

E così, balliamo questa danza degli intrecci nell'infinità dell'universo, consapevoli che ogni individuo è un filo dorato in questa straordinaria tela chiamata vita. Con grazia, passione e consapevolezza, creiamo il nostro intreccio personale, contribuendo alla ricchezza dell'umanità stessa. La danza continua, e noi siamo parte di essa, illuminando il palcoscenico dell'esistenza. E mentre continuiamo questa danza senza fine, ci chiediamo quale sarà la prossima mossa, quale storia scriveremo, e quale bellezza intesseremo nell'intreccio cosmico delle vite.

23: Il Mistero del Futuro

Il futuro è un mistero, un enigma che attende di essere svelato. È una pagina bianca, pronta ad accogliere le nostre azioni, le nostre scelte e i nostri sogni. In essa, ogni individuo porta la sua luce, la sua speranza e la sua visione.

Mentre avanziamo verso l'ignoto, siamo guidati dalla nostra curiosità e dal desiderio di scoprire ciò che il destino ha riservato per noi. Il futuro è come un libro aperto, e ogni giorno è una nuova pagina che scriviamo con le nostre azioni.

Il passato è un bagaglio che portiamo con noi, una raccolta di esperienze, di trionfi e di sconfitte. È un insegnante silente, un compagno di viaggio che ci ha preparato per ciò che verrà. Nel passato, troviamo le radici della nostra identità e le fondamenta del nostro essere.

Il presente è il luogo in cui il passato si fonde con il futuro. È il punto di incontro tra ciò che eravamo e ciò che diventeremo. Nel presente, prendiamo decisioni che plasmeranno il nostro destino. È il nostro punto di potere, il luogo in cui possiamo agire e creare.

Il futuro è un territorio inesplorato, un campo di infinite possibilità. È un sogno che attende di diventare realtà. Non conosciamo i contorni precisi di ciò che ci attende, ma possiamo influenzare la direzione in cui andiamo.

La paura del futuro è una compagnia costante per molti di noi. L'incertezza ci spaventa, eppure è proprio questa incertezza che rende il futuro così affascinante. È un'avventura che ci attende, un viaggio nel mistero.

La vita è un susseguirsi di cicli, di nascite e morti, di inizio e fine. Ogni fine è anche un nuovo inizio, una porta che si chiude mentre un'altra si apre. Nella danza eterna del tempo, siamo continuamente rinnovati.

La bellezza del futuro sta nel fatto che possiamo contribuire a plasmarlo. Ogni azione che intraprendiamo, ogni parola che pronunciamo, crea una scia che influenza il nostro percorso. Siamo co-creatori del nostro destino, e il mondo è la nostra tela su cui dipingere.

Nel mistero del futuro, c'è una promessa di speranza. Nonostante le sfide e le difficoltà, il futuro offre opportunità per la crescita, per l'apprendimento e per l'amore. È un regalo che attende di essere aperto.

La nostra visione del futuro può essere un faro che ci guida. I nostri sogni e le nostre aspirazioni possono fungere da bussola, indicandoci la direzione da seguire. Nel cammino verso il futuro, possiamo trovare il nostro scopo e la nostra missione.

Il futuro è un'incognita che ci sfida a esplorarla con

coraggio. È un poema in divenire, una canzone che possiamo cantare con il nostro cuore. È un tesoro nascosto, che attende di essere scoperto.

Mentre chiudiamo questo libro sulla danza della vita, riflettiamo sulle pagine che abbiamo scritto, sulle connessioni che abbiamo fatto e sulle storie che abbiamo condiviso. Il futuro è un foglio bianco, pronto ad accogliere nuove avventure e nuove esperienze.

La danza continua, e noi siamo i ballerini, i coreografi e gli spettatori della nostra vita. Il futuro è un palcoscenico in attesa delle nostre performance. Con grazia, passione e determinazione, balliamo nel mistero del futuro, consapevoli che ogni passo che facciamo è una nota nella sinfonia della vita.

E così, avanziamo verso l'ignoto con cuori aperti, menti curiose e spiriti coraggiosi. Il futuro ci aspetta con le sue meraviglie e le sue sfide. È un viaggio che non finisce mai, una danza senza fine nella bellezza e nel mistero della vita stessa.

Epilogo

Nel corso di questa esplorazione della "Coscienza Autentica", ho attraversato un viaggio attraverso le profondità della mente e dell'anima umana. Ho esaminato le radici filosofiche di questa nozione, scoprendo le influenze di filosofi come Heidegger, Sartre e Nietzsche. Ho esplorato il concetto di autenticità in relazione all'identità, alla libertà e all'autodeterminazione.

Nel mondo contemporaneo, dominato da influenze esterne, da aspettative sociali e da una costante esposizione alla tecnologia, diventa sempre più importante interrogarsi sulla propria autenticità. Ho visto come la società spesso ci spinga verso ruoli e maschere preconfezionate, ma è nella sfida di scoprire chi siamo veramente che possiamo trovare un senso più profondo e autentico della vita.

La strada verso la coscienza autentica può essere ardua e spesso mi pone di fronte a scelte difficili. Tuttavia, è solo attraverso la sincerità con me stesso che posso sperare di raggiungere un senso di realizzazione profonda e significativa.

Vorrei ringraziare tutti coloro che mi hanno accompagnato in questo viaggio intellettuale, i lettori, gli insegnanti e gli amici che hanno condiviso le loro prospettive e le loro esperienze. La ricerca della coscienza autentica è un impegno continuo, e spero che questa esplorazione abbia fornito spunti e riflessioni utili per coloro che cercano una comprensione più profonda di sé stessi e del mondo che li circonda.

In questo momento di congedo, vi invito a continuare a cercare la vostra autenticità e a esplorare il significato profondo della vostra vita. È nel processo di ricerca che si trova il vero valore della coscienza autentica. Grazie ancora per essere stati con me in questo viaggio, e auguro a tutti voi la scoperta di una vita più autentica e significativa.

Ringrazio sinceramente tutte le persone e le fonti che hanno contribuito a rendere possibile questo lavoro sull'autenticità della coscienza:

1. I filosofi e gli autori che hanno esplorato il concetto di coscienza autentica nel corso della storia, ispirandomi con le loro opere e riflessioni.

2. I lettori che hanno condiviso il loro tempo e la loro attenzione per esaminare queste idee e riflessioni.

3. Gli insegnanti, i professori e gli educatori che hanno contribuito a diffondere la conoscenza e la comprensione di questi concetti importanti.

4. Gli amici, i colleghi e i sostenitori che mi hanno fornito feedback preziosi e incoraggiamento lungo il percorso.

Grazie a tutti coloro che hanno partecipato a questa esplorazione della coscienza autentica. Spero che le idee discusse in queste pagine abbiano ispirato la vostra riflessione e vi abbiano aiutato a comprendere meglio voi stessi e il mondo che vi circonda. Continuate a cercare la vostra autenticità e a esplorare il significato profondo della vostra vita. La conoscenza e la comprensione sono strumenti potenti per la crescita e la realizzazione personale.

Gerardo D'Orrico

Contatti dell'Autore:

E-Mail
gerardo.dorrico@gmail.com

WhatsApp
+39 339 67 25 127

Web
https://gera76.github.io/beneinst/

Facebook
@gerardo.dorrico

Medium
https://gerardo-dorrico.medium.com/

Pinterest
https://www.pinterest.it/beneinst/

Youtube
https://youtube.com/@beneinst?si=aZ6YGNO0EJWPFQDR